中国文博名家画传

杨仁恺

海平 著

文物出版社

目录

第一章 书画情缘

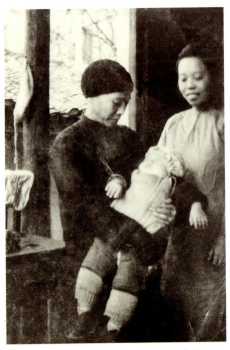

一　40年代初母亲萧氏与妻子刘文秀和大女儿杨柳青在重庆

（一）启蒙之师

1915年10月1日这一天，风和日丽，晴空万里。在四川省岳池县城内公园路一个不十分富裕，又不十分显赫的大宅院中，一个男婴诞生了。他给全家人带来了欢乐、带来了生气、带来了希望。因为排行"仁"字辈，父亲为他起名"仁恺"。《庄子·天道》："中心物恺。"宣颖注："与物同乐。"《汉书·张禹传》："而崇（戴崇）恺弟多智。""恺弟"即"和易近人"。寄托了父亲期望之意。

这一年是不平静的一年，第一次世界大战刚刚爆发；五月，袁世凯正式承认日本帝国主义提出的《二十一条》卖国条约；八月，杨度、孙毓筠等人组织筹安会，鼓吹恢复帝制；九月，陈独秀主编的《青年杂志》在上海创刊；梁士诒等人发起成立"全国请愿联合会"；十二月，袁世凯恢复了帝制，改国号为"中华帝国"、并以"洪宪"为年号；同月，蔡锷将军通电宣布云南独立，组织护国军讨袁，护国战争爆发；同月，孙中山发表《讨袁檄文》……社会发展规律就是这样，进步与落后，革命与反动永远是相互抗争着。

杨仁恺一家人置身于这天下汹汹的时局中，生计之艰辛，不可胜书。他的祖上家世平平，无毁无誉。祖父是一个忠厚朴实的老人，一生辛劳勤俭，为人家出劳力，不露圭角。虽积累些许家资，怎奈当时杨家是一个有二三十人口的大家庭（当然这样的家庭在岳池县是排不上名号的），年复一年地维持生计，往往是入不敷出。

父亲杨笃生，兄弟七个、一个妹妹。身为长兄的他自然要帮助祖父操劳家务。因此他中途辍学，在县里给一个小吏当幕僚（相当秘书），靠抄抄写写赚钱养家。由于父亲比较吃苦节俭，逐渐有些积蓄，后来就在县城里帮助几个兄弟开了几间店铺。老二经营绸缎布匹店，老六经营百货店，主要卖些日用品和陶瓷类，老五和老七各自开个中药店，规模都不大。由于父亲的精明能干，博得了当地商家们的信任，不久，被举荐为岳池县商会会长。父亲经常利用闲暇时间，帮助几个弟弟打点生意，从此杨家的家业逐渐兴旺起来。杨仁恺的母亲萧氏，是当地一个贫家女子，从未受过学堂教育，不识之无。但性格娴淑、乐观而开朗。过门后操持家务、养育子女，无怨无悔，赢得族人和全家上下的敬重。母亲萧氏对杨仁恺的言传身教，影响他的一生（图一）。

岳池县历史悠久，始建于夏王朝，历代沿袭变化不大（图二）。和溪本是当地一个镇所在地，元代末年废除建制并入岳池。在杨仁恺的印章中有"和溪仁恺"、"和溪遗民"自称，正是他怀念故乡的情思所在。岳池县地处四川盆地东北部，地形多为丘陵。华莹山、铜锣山绵亘东部。西有嘉陵江，中有渠江（嘉陵江支流），由北而南，纵贯全境。沿岸为河谷平原，当地气候冬暖夏凉、四季分明、雨量充沛、物阜民康、资源丰富。盛产水稻，尤以

二　岳池县文管所（挂红窗帘以上），杨仁恺为岳池县文管所亲笔题匾

黄龙香米为米中之精。还有油桐、桑树、油菜、花生、芝麻、柑橘等经济作物。在这风景如画、钟灵毓秀、鱼米之乡的天府之国里，幼年的杨仁恺如天之骄子尽情地享受着天堂般的快乐，过着无忧无虑的生活。六岁时就进入了县城内大南街张家私塾馆接受传统的儒学启蒙教育。然而，天有不测风云，八岁时，他就遭受丧父之痛。年仅五十岁的父亲撒手人寰，使整个家族失去了顶梁柱，大家庭则由二叔支撑。由于地方军阀苛捐杂税的盘剥，当二叔溘然病逝时，家道渐渐地衰落了。原本一家七房、老少好几十口人的大家庭，不得不分开各立灶火，母亲从此用她那柔弱的臂膀担起了一家生活的重担。杨仁恺兄弟姊妹四人，他为老二。大姐杨仁贵嫁给段家，生有一个女儿，取名段曼丽。丈夫去世后，她就带着女儿一直寄居在娘家，她自己在县立中心小学当教师。一个弟弟从小就过继给四叔，早年夭折。两个妹妹，按家族排行，八妹杨仁琼在重庆市歌乐山中央医院护士班卒业，与上海医学院年轻助理医生杜炎昌结婚，后定居美国。九妹杨仁瑶与丈夫陈

三　1942年杨仁恺与母亲、姊妹、妻子和大女儿在重庆（后排左起：杨仁恺、刘文秀、九妹、八妹。前排左起：大姐、母亲、大女儿柳青、外甥女段曼丽）

孟雅就职于重庆银行，晚年丈夫去世后与子女定居重庆（图三）。

杨仁恺八岁时离开私塾，进入县立城南小学读书，后报考岳池县初中。岳池人有重视书法艺术的传统，岳池县志上记载陈三恪、陈味根、陈世翘等地方文化名人留下了许多名作、名碑刻。尤其是陈三恪先生所倡导的"二箴四铭"主要阐述的就是为人守则的道理，杨仁恺从小就耳濡目

四 青年时代的杨仁恺

染了这些传统教育。当时在岳池县有许多文人酷爱藏书，读书也蔚然成风。其中最有名望的要数陈树棠先生，他于1917年在成都高等学堂毕业后回到岳池当国文教员。他的祖父陈瑶圃视书如宝，庋藏丰富，并建有"瑶圃书斋"。祖父临终前将遗书留给他，希望他牢记祖训。果然陈树棠不负祖望，继续广收书籍。直到1950年后，将所藏古籍全部捐献给国家。杨仁恺正是由于有这样丰厚的文化土壤的孕育才为他日后的成长打下了根基。他十七岁毕业后

五 二十二岁的杨仁恺

考入重庆共立高级中学就读旧制高中理科，只念了一个学期，终因家道中落，无力供给，无奈于1933年辍学。为了养家糊口，在县乡小学当教员，后又独身闯荡成都（图四），不久在成都市内玉皇观街的私立群觉女子中学谋求了一个教员的职位。就在教书期间，他的一个同事叫余果却，宜宾人，是位作家，在文学方面是真正的鲁迅崇拜者。在日常的交往中，杨仁恺受他的影响很大，两人关系很好。他当时还在成都市求精印刷厂做校对，后来他要到延安去，临走前对杨仁恺说："你教书，学校里收入不多，

六 50年代全家福。中排右：杨仁恺、母亲荣氏、妻子刘文秀；前排左：长子杨健、小女儿杨小菁、二儿子杨康；后排右：外甥女段曼丽、大女儿杨柳青、二女儿杨荣裳

我走以后，校对这个工作就交给你了。"从此后他又同时兼做了求精印刷厂的校对工，那时候他才二十二岁（图五）。靠着他和大姐两个人的工资来维持一家老小的生活（图六）。

成都是一座历史文化名城，文化气息比较浓厚，加之当时兵荒马乱，多有书香人家文房四宝、书画古董流落市场，价格不高。杨仁恺任职的学校离总府街一带很近，那里有不少私人古玩铺、装裱店，出售一些古今书画和各类器物。街面上还有许多杂货铺、各类地摊，五花八门、古香古色、别有风味。他开始时对古玩不了解，毫无兴趣。但因独身一人在外，课余之暇，为了打发光阴，经常信步蹓跶、随意观览。又因为在学校教语文和历史两科目，自然要与这些古物有相通之缘。杨仁恺回忆说："日久天长，于不知不觉中，对之发生了如少女初恋的感情。"凡是见到古玩店和地摊上的东西，他总是要多溜几眼，但求一饱眼福。渐渐地他和当地搞古玩的人熟悉起来，也从中了解了一些古玩知识。然而对于一个穷教员来说，囊中羞涩，不敢有太多索求的欲望。可又不甘心做一个旁观者，于是手中一但有点余钱，也试着去地摊上挑选点廉价的小古董。尽管真赝莫辨，拿回来也总要仔细琢磨玩味一番，以满足业余爱好之欲，渐渐地熏染了一些书画古董气息。有时候在教学中涉及到一些历史和文献方面的知识，他就跑到图书馆查阅，一定要搞个水落石出，方感到十分宽慰。那段时间，他不知走了多少弯路，但吃一堑长一智，总算是缴了学费，逐渐积累了一点经验。就是这样他铢积寸累，熏得一身翰墨香。以后，经常有人好奇地问他，先生能成为如此的大学问者，何人启蒙？他总是风趣地回答："古董店和地摊是我的启蒙老师。"

（二）特殊的大学

日本帝国主义继1931年"九一八"事变强占我东北三省之后，加紧侵略全中国。中国共产党为了民族的生存，发出全民抗战的号召，促成了国共两党第二次合作，结成抗日民族统一战线，共同挽救民族危亡。1937年7月7日卢沟桥的枪声揭开了中华民族全面抗战的序幕。大批中华民族的优秀儿女在祖国面临危亡之际不惜流血牺牲，英勇抗敌，战斗在正面战场和敌人后方。当时国民党政府由南京迁往重庆，重庆成了抗战时期的陪都。那里一时人才集聚，群贤荟萃，整个城市一下子热闹起来。白天车水马龙，夜间歌舞升平，恍若太平盛世。只有当山城的上空，响起刺耳的空袭警报声时，才显露出些许战争的气氛。经乡友的介绍，杨仁恺来到重庆。先是在那个乡友办的德光书局

七　1942年杨仁恺与刘文秀在重庆沙坪坝结婚留影

八　婚后刘文秀又考入了四川教育学院

任协理干了一阵子，随后又到巴渝印刷所任经理，重操管理和校对旧业。后来该所被《说文月刊》社承租了，他也被留下来聘做顾问，仍然住在重庆市内通远门七星岗《说文月刊》社后楼的一间小屋里。

　　这时杨仁恺已经二十六岁了，她大姐执教的岳池县中心小学有个年轻的女教师名叫刘文秀，同乡人，比他小三岁。是南充市女子师范学校毕业的高材生，知书达理、文静娴淑。大姐很喜欢她，常与弟弟通信谈及此人，使他的心中留下了好感。趁回乡探亲进一步相识，一同返回重庆。当时有个乡友任重庆市教育局局长，托他帮忙引荐刘文秀到重庆市段排房小学任校长。课余时间，杨仁恺经常跑去找她，约她到校园后边的小山上去散步、谈心，两人性情相投、友爱日深。1941年二人在日机随时轰炸的环境中喜结良缘（图七）。婚后新娘文秀在丈夫的支持下报考了四川教育学院。这种师范性质的院校是不用缴纳学费的，录取后她又开始了本科四年的学习（图八）。念书期间他们有了一个女儿，取名柳青，是借古诗"杨柳青青，桃花硕硕"之意（图九）。为了照顾孩子，只好将母亲、大姐和外甥女从岳池县接到重庆。一家人虽然团聚了，可是住处却成了困难。幸好得到教育学院领导的多方关照，将位于沙平坝凤凰山坡上原畜牧兽医组撤销后闲置的两间平房暂借给他们居住。杨仁恺平时仍住在《说文月刊》社后楼那间小屋里。由于妻子的贤慧，母亲和大姐的帮助，使得他又有了更多的精力去寻求知识。

　　当时与他们为邻的是教育部艺术委员会的几位专家。有国民教育艺术委员会主任吕斯白、秦宣夫、王临乙、常书鸿等人，他们都是早期留法回国的，多有翰墨之好。杨仁恺每逢假日回家便和这些人接触，从中受到不少文化艺术的熏陶。

《说文月刊》社是清华大学国学研究所毕业的卫聚贤先生创办的，他是山西人，王国维的学生。当时在国民党中央银行给孔祥熙当秘书。孔祥熙时任行政院院长、财政部部长。杨仁恺利用卫聚贤出版的《说文月刊》从事学术活动，实际上是通过卫氏和清华国学研究所的关系联系一些学者文人。《说文月刊》主要是刊载文学、历史、艺术方面的评论文章。经常向重庆的一些文化名人约稿，使杨仁恺有机会和这些名家接触、交往，关系日益密切。在《说文月刊》社里，他负责出版印刷、校对编审等工作，平日不是特别忙碌。所以还兼职市里敬业高级商科学校的文史教员。由于工作的需要，使他投入全部精力认真读书思考。这期间他读了许多书，尤其是文史典籍方面的书籍，对他日后从事文博工作大有裨益。遇到不懂之处就虚心求教，拼命地汲取养料。在众位先生们的指导下，视野逐渐地扩大了，文化素养、文史方面的专业知识逐渐地丰富了。

九 50年代初杨仁恺夫妇与大女儿柳青在北海合影

金毓黻先生生于1887年，卒于1962年。又名毓绂，号静庵，辽宁辽阳人。于30年代中曾任辽宁省正副秘书长、伪满奉天图书馆副馆长、东北大学史地系教授等职。1936年从日本回国后，10月赴重庆，出任中央大学史学系教授兼主任。1944年4月任中央大学文学院院长，是部聘教授（相当于今天的学部委员）。他常给《说文月刊》撰稿，杨仁恺便有机会拜识他。向他请教如何读史、如何贯通古今的一些问题。老先生总是耐心解答、明确指点，金先生那种治学严谨、奖掖后进、不遗余力的品德使他终身难忘。

当时还有商衍鎏老先生，他是著名的学者、书法家，字藻亭、号又章，广东番禺人，1875年生。清末进士，光绪十三年（1904年）末科探花，授翰林院编修，曾留学日本，毕业于日本法政大学，后又应聘于德国汉堡海外商务学院任汉语教授，至今德国许多汉学家都是他的高徒。1914年第一次世界大战爆发后回国，曾任国民政府财务部秘书。1937年由南京辗转入川，在重庆以卖文鬻字为生。商老先生早年专习褚遂良、颜真卿。中年以后改习名家草书，其书法篆刻变化多姿、端秀可喜。杨仁恺与他的哲嗣商承祚于1938年在重庆相识。当时商承祚与郭沫若、马衡、卫聚贤等学术界的知名人士关系密切。杨仁恺在《说文月刊》社有机会时常与他们晤面，探讨一些金石、甲骨文一类的问题，相处融洽。在商承祚的引荐下得见商老先生，并能躬侍左右，为之磨墨伸纸。又为举办老先生的书法展览而奔走忙碌，乐于效劳，竟不知疲倦，从中得到老先生在研究历代书法、篆刻知识方面的谆谆开导，获益殊多。

1938年4月1日，国民政府军事委员会政治部第三厅迁移到重庆，郭沫若先生从日本秘密回国出任厅长，领导三厅为开展抗日战争进入相持阶段后的宣传工作不懈努力。当时国共合作实际上是在周恩来同志任该委员会主任后的直接领导下，于重庆组织和团结国民党统治区的进步文化人士从事抗日救亡运动。1939年12月28日，趁日本飞机出袭不甚频繁之时，郭老携家眷乘飞机飞往重庆。就住在市内天官府街曾遭敌机轰炸过的一座危楼上。此处离通远门七星岗很近。杨仁恺当时就住在七星岗《说文月刊》社的后楼。每当冬季,敌机空袭间歇时,郭沫若常身着灰布短衫,有时也穿长袍,带着小孩来社里走动,并常给《说文月刊》撰写文章。对社里一帮爱好文史的年轻人面授文物考古知识,有问必答,耐人寻味。如果时间久了不见面,杨仁恺总觉得缺了点什么,就要到他的住所登门请益。当时郭老夫人于立群喜欢临帖习字,而战争年代寻求碑帖不易,他总是凭借与一些古籍书店的关系,想尽办法为她提供一些可看的墨拓本练习,两家关系相当密切。郭沫若、金毓黻二位先生对杨仁恺的言传身教,使得他如顽石开了一条缝,对日后从历史和考古的角度去鉴别文物有了依托,增长了奠基的知识和思考问题的方法,得到高屋建瓴之功。

重庆市内的通远门是通往上清寺、化龙桥、沙坪坝、歌乐山等处的必由之路。谢无量、沈尹默、张继、老舍、马衡、金毓黻诸位先生经常路过此地稍事休息,日子长了,杨仁恺逐渐和他们熟识起来。书法家沈尹默先生,浙江省吴兴人,早年留学日本接受新思潮熏染。五四运动时期,曾任《新青年》编委,倡导白话诗,并写出了我国新文学史上第一首白话诗《月夜》,深得胡适好评。他精通书法、亦擅旧诗词,著述颇丰、才气横溢、名望满四海。抗战期间任国民党监察院委员,住在上清寺。杨仁恺通过谢无量和谢稚柳先生认识了沈老。当时沈老比他年长三十五岁,但不嫌年轻人的浅薄,待人诚恳、谦和。使得杨仁恺在书法理论和实践上顿开茅塞,少走不少的弯路。他们之间建立了深厚的师友情意,成为忘年之交。直至50年代初,杨仁恺在工作中考订《聊斋志异原稿》,请沈老题写书签,很快沈老将题好的书签寄回,并在回信中说:"写得不好,若不满意,可以再写。"如此诚恳,令杨仁恺一生铭感不忘。杨仁恺就是在这些前辈的影响和提携下,博览、苦读经史,上下求索,积淀了深厚的传统文史知识和书法绘事。

抗战胜利前夕,在重庆的书画家联合举办了一个全国范围的书画义卖展览会。杨仁恺参加了,并负责征集各方面的作品,从而有机会和徐悲鸿、

一〇　1978年10月28日在上海博物馆"渐江、石溪、八大山人、石涛绘画艺术
讨论会"上作《四僧事迹泛考》学术报告

潘天寿、吕凤子、张大千、黄宾虹、白隆平、黄君璧、傅抱石、谢稚柳等
众多知名的收藏家、书画家密切交往，既征集了作品，同时又建立了师友
之情。直到五六十年代，他每次去杭州，总要"趋谒潘、黄二老，或从旁
观他们作画、或谈论民族绘画传统，情意殷殷、毫无倦容，感人至深。闭
目思之，犹觉音容宛在。"他在回忆中情深切意地写道："潘老是造诣精深、
创作严肃，把一生精力无私地投入到美术事业中的忘我的教育家。他沉默
寡言、心热似火，莘莘学子，直接承教。春风化雨、人才辈出。"对黄宾
虹他是这样评价的："黄老创作独辟蹊径，晚年风格更加郁郁葱葱，胸中
丘壑万千，与他一生风尘仆仆地游历名山大川分不开的。此老早年即从事
有关绘画文献的整理，筚路蓝缕、继往开来，有功画苑后学，至今犹受到
应有的尊敬。""我在二老身上发现作为一个正直的艺术家所具备的高尚品
格，够我终生享用不尽。"

　　画家徐悲鸿生于1895年，卒于1953年，江苏宜兴人。曾东游日本、
研习美术，抗战中赴南洋为抗日筹款。回国后，在桂林住了一段时间，随

后也来到重庆，艺术上的素养全面而深厚。他早年从事国画、素描，后转学油画。回国后专心研习中国传统绘事。他不愧是铁骨铮铮的艺术家。在长期的艺术教育实践中，对那些有才华的年轻人加意爱护，使之成才，今天有许多知名画家都受过他的培育。他在绘画、书法、诗文各个领域上取得的卓越成就，更是昭昭在人耳目。在和徐悲鸿的接触中，他尽管语言不多，内心却蕴藏着真挚之情。杨仁恺回忆说："徐先生对任颐作品的奖掖，对我有振聋发聩之效益。因为我过去有'厚古'思想，以为艺术作品越古越好，却不从具体作品和历史背景去分析，几乎成了盲人瞎马，钻进死胡同。关于这一点，我在重庆和北京曾亲聆徐先生教诲，纠正了原先的偏颇观点，从而得以进一步发现他的国画在任伯年作品中、特别是人物方面不仅是提倡、而且从中汲取精华，丰富他的创作。现实启发甚过读书千卷，我不能忘记有德于我的诸位前辈先生们。"

马衡，生于1881年，卒于1955年。号叔平，浙江鄞县人。著名金石文字学家。曾任北京大学教授，从1933年起到1953年间一直担任故宫博物院院长。他也是《说文月刊》的常客，在卫聚贤家认识了杨仁恺。抗战胜利后，故宫博物院保存在四川乐山、峨眉山的历代文物、书画作品，在运回南京前，于重庆两路口举办了一次展览。马衡照顾杨仁恺，令他先睹。至今他还记忆犹新地说："有如过屠门而大嚼，耳目为之一聪。能与第一手宋元名作接触是我有生以来第一回，开阔了视野。通过比较，提高了审美鉴别能力。对我从事历代书画的考证和研究显然起到关键的作用。"

另外还有傅抱石、张大千二位先生，崇尚石涛，却各有所得，成就固不一样。杨仁恺从中受其影响，使之对石涛艺术及其理论上的认识有所提高。1987年在上海博物馆举办的"渐江、石溪、八大山人、石涛绘画艺术讨论会"上发表了《清初四僧事迹泛考》，从社会学、历史学的宏观角度分析了四僧的绘画艺术与社会时代的关系。四僧的绘画艺术渊源、风格，及他们在中国绘画史上的影响和地位，具有较高的学术水平（图一○）。

1945年8月，日寇投降，八年的浴血抗战终于赢得了胜利，重庆沉浸在一片欢腾之中。然而在重庆的这些老先生、老朋友，大多不是四川人。久别故乡的人们都渴望尽快返回家乡，去寻求新的奋斗目标，于是各奔西东。这使年轻的杨仁恺一下子产生了孤雁离群之感，而对于古画过于痴迷的他，思想也开始动摇起来，想跨出夔门，到大千世界去闯荡一番。

1945年，杨仁恺作为复员职工，只身来到北平，尽管人生地不熟，但是喜欢逛古玩店的积习难改。当时北京琉璃厂的文化市场正是最兴旺的时期。素有"古董一条街"之称的琉璃厂，是在清乾隆三十年（1772年）开始纂修《四库全书》之时形成的，文风昌盛，全国博识饱学之士均于此购

—— 1964年7月杨仁恺与北京荣宝斋经理侯恺等人游华山北峰时合影（蹲者为侯恺）。左一：杨仁恺

一二 1964年侯恺摄于北京

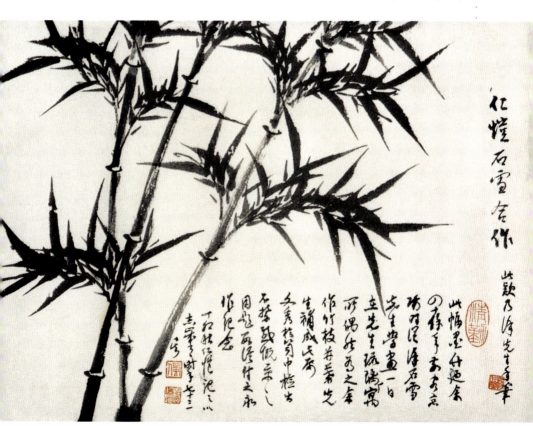

一三 徐石雪（宗浩）、杨仁恺合作《墨竹》图

15

买笔墨纸砚，而碑帖、字画、古玩也随之兴起。自此以后，达官显贵、文人学者就把琉璃厂变成浏览观光、购买古物、每日闲谈的好去处。从1900——1927年间，外国人到此购买古玩的也很多。尤其是伪满皇宫许多宝物陆续流散出来，吸引着各地的收藏家、文物商人也经常留连此地，收购奇珍异宝。还有一些文化名流也选在附近定居，使得当时的琉璃厂一带成了"谈笑有鸿儒，往来无白丁"的一条街。杨仁恺也被这种文化氛围深深地吸引着，余暇时间，总要去琉璃厂转转。一回生，二回熟，渐渐地他和那里的店铺老板、伙计们相处得很融洽，甚至交上朋友（图一一）。当时各店只要收到好货，一定会告诉他，一睹为快（图一二）。通过这些关系，也结识了北平的一些文物收藏家和知名书画家。如张伯驹、张效彬、惠孝同、徐石雪、赵药农、陶北溟、陈半丁等人。他们经常出示珍藏、彼此切磋，使杨仁恺从中一饱眼福。他从不放过任何一次看东西的机会，并随时请教名人，包括店主。就是这样在实际的生活中，通过多看实物，聆听名人指教，用心琢磨，从而积奠了许多从书本上学不到的鉴定知识。特别是著名画家徐石雪（宗浩）画竹有独特之妙，书画收藏亦富，鉴赏也别具慧眼。经常给他指点。杨仁恺现在能画得一手好竹，乃从徐先生处学得技法，终身服膺（图一三）。

张伯驹，字丛碧，河南项城人。其父张镇芳曾当过直隶总督和河南都督，与袁世凯是姑表兄弟，他本人入过军界，后来搞过金融，在上海盐业银行任董事，最后扬名在诗词文物上。他与张学良、溥侗、袁克文一起被人称为"民国四公子"，家中的收藏，多为罕见之物。他以收藏家的慧眼和气魄，用大洋、金条、妻子的首饰乃至房产，购买下当时由长春伪皇宫散失出的隋代展子虔《游春图》（图一四）、唐李白《上阳台帖》。从溥心畲手中购得西晋陆机《平复帖》等传世孤本（图一五）。一些不知情者，认为他搜罗唐宋精品，不惜一掷千金，魄力过人。其实张伯驹自认为即使历尽辛苦，也不能尽如人意，因为黄金易得而国宝无二。他买它们不是为了钱，而是怕它们流散到国外。传为唐人韩干的《照夜白图》就是溥儒在

一四　隋展子虔《游春图》

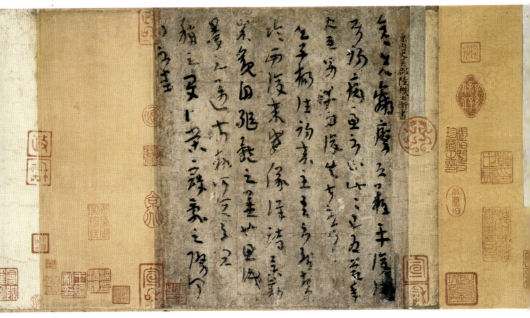

一五 晋陆机《平复帖》

1936年因治母丧乏资而出售，几经辗转，流入美国。当时张伯驹在上海，想办法阻止都来不及。"七七"事变以后，日本人搜刮中国文物就更厉害了。所以张伯驹先生从三十岁到六十岁一直收藏字画名迹，目的也一直明确："予所收藏，不必终予身，为予有，但使永存吾土，世传有绪。"

杨仁恺对张伯驹鉴藏古今书画、名扬国内外早有耳闻。1945年冬天，一个偶然的机会，在琉璃厂南新华街"玉池山房"马老板的店铺内与张伯驹先生不期而会。经过介绍，相识相交。此后他才有机会欣赏了张家所珍藏的国宝。解放后，张伯驹先生将自己所藏珍品分两批捐献给北京故宫博物院。文化部部长沈雁冰亲笔签发了褒奖状，上面写着："张伯驹、潘素先生将所藏晋陆机《平复帖》卷、唐杜牧之《张好好诗》卷、宋范仲淹《道服赞》卷、蔡襄《自书诗》册、黄庭坚草书卷等珍贵文物共八件捐献给国家，化私为公，足资楷式，特予褒扬。部长沈雁冰一九五六年七月。"

1948年北京和平解放，在欢乐兴奋之余，单身一人在外的杨仁恺思

一六 50年代中杨仁恺一家人合影（后排中为外甥女段曼丽）

一七 1989年4月23日，八妹夫妇回国为老母亲祝寿留影（前排左四为母亲、后排右一为八妹）

一八　50年代初杨仁恺夫妇与子女合影

乡心切。他惦记着重庆的老母亲和妻子、儿女，因此决定返川与亲人团聚（图一六）。回重庆后，应聘到长江音专继续从事教书老本行（图一七、一八）。青年时代的杨仁恺的机遇是一般学子可望而不可求的，广泛的社会接触，给了他求师治学、终日谈释经论、互叙艺林绘事的环境。加之他勤奋刻苦、百折不挠的精神，才使他日后事业有成。晚年以后，经常有人问及他的学历时，他总笑言自己是"琉璃厂大学"毕业的。事实上，他从那里学习和摸索到的丰富文物知识，比上几所大学，拿到几个博士学位有过之而无不及。

（三）历史的选择

杨仁恺青年时代的生活经历，自然天成所产生的对文物、古书画的痴迷，怎能甘心于日复一日的教书生涯。他理想的翅膀早已飞向天空，况且古城北平是一个文化古都，已和平解放，成为新中国的首都，就像磁石一样吸引着这个年轻人。

　　1950年春天，经郭沫若（当时任政务院副总理）先生引荐回到北京。由郭老的秘书陪同到北海团城新建立的文化部文物局去见王冶秋局长，向他表明了自己有志从事文博工作的愿望。回去后心中合计，此事既然有郭老的推荐，而文物局又属新建单位，正需要专业人员开展工作，估计没什么问题。但事出意料，一星期后杨仁恺收到王冶秋派人捎来的一封信，信中以"专业人员刚好配备齐全，俟争取扩大编制后，自当借重"为理由而被拒之门外。遭此无奈，他心中十分黯然。正在举棋不定的时侯，巧遇一个在四川念书时的老同学名叫陈北邨，当年二人的父亲也是要好的朋友。陈本人早年入党，先在延安陕北公学任组织部长，后调到东北局任组织部副部长。在促膝相谈中，知道了老同学的窘境，就对他说："东北局文化部部长刘芝明曾对我说过，他们正在物色人才，我介绍你去找他。"听到此话，犹如雪中送炭。随即杨仁恺来到沈阳，找到刘部长后，介绍了自己的经历，并表示了想从事文博工作的心愿。交谈后，刘部长高兴地说："我们东北正愁缺人搞文物书画呢，既然北京留不下，就来沈阳吧。"将他安排在东北文化部研究室工作。从此后开始了他人生的新起点。

一九　1986年3月，杨仁恺公出到西安看望王修时二人合影

　　东北地区是党领导下的文物工作开展得比

较早的地区之一，早在1947年中央《土地法大纲》颁布后，就提出抢救战争和土改中流散文物的号召。1948年4月，东北行政管理委员会在哈尔滨成立了"东北文物保管委员会"。根据军管会制定的政策，原封不动地接管国民党的博物馆文化单位，开展了文物的收集和保护工作，亦在积极筹建新中国自己的博物馆。

1948年底沈阳解放，东北文管会迁至沈阳，接受了国民党国立沈阳博物院筹备委员会古物馆和沈阳故宫陈列所。与此同时，又将解放战争期间在东北征集的文物资料和散失在各地及私人捐献的文物集中起来。为了加强对所属单位的领导，又成立了东北文化部文物管理处，直属东北人民政府，由原文保会常委王修同志任处长并兼管东北博物馆（图一九）。接管初期的原国立沈阳博物院筹备委员会古物馆已是馆舍残破、文物散失，所存不及万件，陈列设备也多遭损毁，人员无几。只有原馆研究员李文信先生为了博物馆和文物的安全，断然拒绝了原沈阳博物院筹委会全体人员

二〇　李文信先生

与珍贵文物飞迁北平的安排，不畏恶劣环境、不顾个人安危，留下来尽心竭力地看守博物馆，迎接沈阳的解放（图二〇）。

为了尽快地开展工作，东北人民政府决定将"国立沈阳博物院筹备委员会古物馆"定名为"东北博物馆"，由东北文物管理处处长王修兼任馆长，设立研究室、保管科两个部门。为了充实业务人员，从当时的大专院校中抽调了几位历史教员。又在国内招聘了一些对文史、绘画有一定素养的人才。如

二一 （右起）杨仁恺、李文信、朱子方、胡文效于50年代初合影

东北大学历史系讲师张亮才、北京大学中文系毕业的阎万章、大画家齐白石三子齐子如、齐白石恩师胡沁园的孙子胡文效、书法家沈延毅等人。负责发掘整理、展览设计、馆藏文物研究及其他各项业务活动。此外，东北文化部还聘用了金毓黻的弟子朱子方、研究《易经》备受金毓黻赏识的金景芳，以及杨仁恺三人为研究员，在文化部文物处研究室工作，办公地点就设在沈阳故宫西院。朱子方专治辽金史、金景芳从事先秦史研究、杨仁恺研究古器物尤其是古代书画史及鉴定，大家一起从事文博专业研究（图二一）。

　　1950年春天，上级调张拙之来沈阳东北博物馆。张拙之同志是黑龙江省双城县人，1917年出生于贫寒的工人家庭，"九一八"事变后到上海投奔左翼作家萧军，从事抗日救亡工作。1937年"七七"事变后参加了新四军，1938年加入中国共产党。抗战胜利后，组织上派他到黑龙江双

二二　1953 年张拙之馆长（右一）于展览楼前留影

二三　1952 年在北安工作照片

城县任区委书记、县委宣传部长等职务，1950年调到沈阳后，被分配到东北博物馆任秘书协助王修工作（图二二）。他二人以专业人员为骨干，带领博物馆全体职工用了近一年多的时间清理了几批文物。其中有旧博物馆原藏的不到万件文物资料；有溥仪从长春伪皇宫携逃后被俘获的法书名画、善本古籍、珠宝玉翠；有从东北边业银行里取出的朱启钤先生穷尽毕生资财收藏的宋、元、明、清缂丝刺绣精品；有解放战争期间征集的及私人捐赠的文物；有没收旧军阀汉奸们的私藏等。并建立了一整套严格的文物保管制度，这为以后东北博物馆的发展奠定了坚实的基础。

　　1952年春，由于东北文化部撤销，杨仁恺和朱子方二人也调到博物馆，和全馆人员一块不分白天晚上地工作着。尽管十分紧张、辛苦，但是杨仁恺身上总是有着一股使不完的劲。因为他从30年代起对古代书画、文物所逐渐生成的这种难以割舍的情感，今日如愿以偿。他现在是真正的为新中国的文物事业忙碌，由衷地感受到心灵的充实与温暖，唤起了他极大的热忱和希望。尤其是面对千余件溥仪从北京故宫窃出的历代法书名画，尽管已经收回一些，但毕竟是大量国宝沉沦，甚至流失海外，举国上下无不愤慨。杨仁恺当然也不例外，他最初只是希望散失的国宝不至于渺无踪影，期待有机会能够与名作晤对、一

二四　50年代初，杨仁恺在辽东普查文物

饱眼福。可是自从参加博物馆的行列之日起，他的思想上发生了较大的转变，心中升腾起一种主人翁的责任感。

1950年美国发动了侵朝战争，战火烧到鸭绿江边，中国人民志愿军浩浩荡荡跨江抗美援朝。战事紧张，为保护馆藏文物免遭战火危害，经上级批准，将重要文物运抵黑龙江省讷河县临时库房保管。1952年春鉴于讷河水害威胁，又将这批文物转运到黑龙江省北安保管。6月13日在馆长张拙之带领下杨仁恺和其他几位研究人员一同前往北安（图二三）。他们本着一切从实际出发，走自己的路，没有经验自己去创造的原则。经过了两个多月的艰苦工作，战胜各种困难，出色地完成了任务，清理文物总计八千一百八十二件，同时又总结出一套文物保管经验，成为解放初期全国博物馆文物保管工作的楷模。至此以后杨仁恺更是踌躇满志，大有一展宏图的气慨（图二四）。

第二章 国宝背后的故事

辛亥革命推翻了清王朝，但此后一直到新中国建立之前，中国人民仍然饱受着军阀混战、日本帝国主义的蹂躏，以及国民党的残暴统治，清宫内的珍贵文物书画也惨遭劫掠。杨仁恺为此痛心疾首，他以自己的亲身经历著述了《国宝沉浮录》，书中详细记载了这段鲜为人知的历史，以及他为追寻国宝所付出的心血。

（一）末代皇帝竟是国宝大盗

1."赏赐"为名　盗宝为实

流传下来的历代法书名画，是我国珍贵的文化遗产，从东晋以来就被历朝历代的统治者、仕宦家族视为至宝而珍藏起来，直至清王朝。但能将全国传世的名迹大量集中于宫廷之内，当属乾隆皇帝。在他统治的六十年中，曾有过三次大的举动，来鉴别整理这些法书名画。

第一次是在乾隆九年（1744年），由臣工张照、梁诗正、董邦达等人历经一年零八个月的时间完成。编辑成《石渠宝笈初编》四十四卷，有关涉及宗教之书画入《秘殿珠林》初编。此后清内府库藏书画仍不断增入。第二次是在乾隆五十六年（1791年）春，责成臣工王杰、董浩诸人，历经两年多的时间编成《秘殿珠林·石渠宝笈重编》四十卷。第三次是在嘉庆二十年（1815年）由英和、胡敬等人主持，历时十个月，编成《秘殿珠林·石渠宝笈三编》，至此清内府的历代法书名画数量已过万件。经过几次鉴定、整理，眉目清楚、记录翔实、编次成书，成为后人研究清宫旧藏的明细著录。

嘉庆以后的几任皇帝，由于国力衰落、内忧外患，不但没有老祖宗们对书画艺术的闲情逸趣，反而将宫中所藏书画拿出来颁赠给亲王和宠臣，已达笼络人心的目的。加之清宫内府管理上的逐渐废弛，给太监、大臣们造就了偷窃的机会，使宫中所藏书画屡遭劫掠，但是这些都无法与末代皇帝爱新觉罗·溥仪在逊位之后的短短十一年中所造成的损失相比。

1911年的辛亥革命虽然推翻了清王朝在中国的统治,但是由于窃国大盗袁世凯篡夺了革命的胜利果实,清王朝并没有被马上赶下历史舞台。他们炮制了一个所谓"清室优待条件"及"关于清皇族待遇条件",允许溥仪宣布退位后,仍然保持其皇帝的"尊号",并可以继续在紫禁城内居住。原皇宫内的一切财产仍属于爱新觉罗家族的私有财产,由民国政府特别保护。这就使以"宣统皇帝"为核心的逊清小朝廷仍然盘踞在北京皇城内,行使残存的一点"皇权"。

然而当时军阀混战,时局动荡不稳,眼下的这种优待政策到底能维持多久,这一切使得溥仪和他的父亲载沣及其身边的遗老旧臣们心中无底,忐忑不安。于是便策划了一场末代皇帝偷盗国宝的千古奇案。这桩案子先是由溥仪的叔叔载涛在天津英租界地戈登路十三号秘密购置一栋楼房,而后打算把清内府所藏的古版书籍、历朝名人字画分批偷运出宫送往天津。

这些古籍字画自乾隆、嘉庆三次整理以后分别贮藏在养心殿、乾清宫、贻仁殿、御书房、重华宫、宁寿宫等几处地方。各宫都设有太监负责看管。凡是东西出入均须登账记载。而当时宫廷外还有护军岗哨,神武门外还有由民国步兵统领指挥的"内城守卫队"巡逻守备,所以也不是轻易就能把什么东西拿出去的。但是由于有了优待清皇室的条文保护,这伙人才有恃无恐。对宫中财物任意处理,不受限制。他们想出一个自以为非常巧妙的办法,就是以赏赐御弟溥杰和溥佳为名,利用他二人每天上午进宫陪伴皇上读书,放学后出宫的机会,将所盗之物一点点地携带出宫。他们先是从贻仁殿中所藏的宋元善本图籍下手,因为善本图籍体积小,用黄缎包袱裹起来与溥杰兄弟平时随身携带的课本形式相仿,又有太监伴随出入紫禁城,不致引起执勤士兵的怀疑,竟然蒙混过关。

从1922年7月13日起到9月25日止,经过两个半月的试探,偷出宋元善本古籍二百零九种,总计五百零二函。阴谋得逞后,溥仪便仿照盗善本书的办法开始偷盗古代书画。他们先是从体积小、不显眼的手卷和册页入手。每天由太监挟着黄绫包袱和溥杰兄弟二人一道出出进进，慢慢地执勤人员司空见惯也就不予理睬了。从10月21日开始，起初一次带出十来件，后增加到十五件，也未受到阻拦，胆子越发大了起来，又增加到二十五件之多，六天以后每次竟带出三十件。又过了将近月余，仍是畅通无阻。故有好几次竟然达到一次携出三十五件的高峰。尽管当时的"清室善后委员会"的官员发现了"赏赐"的清单，但是这些人大都出自溥仪旧时臣宦，兔死狐悲。但此事重大，又不能掩盖，于是编印出一本小册子名为《故宫已佚书籍书画目录四种》以敷衍搪塞而已。就这样经过两个多月陆续不断地"赏赐"，被偷运出的手卷有一千二百八十五件，册页有六十八件之多。事实上，远不止此。在"赏赐"清单之外，还有不少隋唐、宋元的古书画至今没有下落。至此，清内府原藏书画中的手卷和册页已基本上被洗劫一空。仅剩下大的立轴和函册，是因为体积过大而无法包裹随身携带的缘故。偷出的书画已经积满了七八十个大箱子。通过日本使馆人员及其姻亲至戚的帮助，在光天化日之下，浩浩荡荡一路人马通行无阻，安全地运到天津事前购置好的楼房内，秘密地贮藏起来。

2.叛逃天津　贩卖国宝

就在溥仪一伙得意忘形的时候，时局骤变。冯玉祥打进北京城，命其卫戍总司令鹿钟麟和警察总监张璧二人率领二十几名短枪手于民国十三年（1924年）11月5日闯入紫禁城，仅用了一个多小时的功夫就赶跑了溥仪。从此，这个末代皇帝妄想窃取清宫庋藏的全部法书名画的阴谋宣告终结。

溥仪被逼出宫后，先是回到他父亲"醇亲王府"暂避，之后又逃亡日本人的兵营中要求"避难"，紧接着竟公然地搬进日本公使馆（图二五）。1925年2月23日在日本警察的"保护"之下，溥仪逃往天津，在日本租界地的"张园"安顿下来，此后又搬到静园。依然过着"小朝廷"般奢侈尊荣的生活，对外称"清室驻津办事处"。此间仍有中华民国每年拨给四百万元巨额费用供其生活所用（图二六）。但这笔钱款怎么能满足他浩繁无际的开支（图二七）。因此，这个下台皇帝又把念头转到由京城盗运出来的大批历代法书名画、珠宝玉翠上面。他曾经拿出书画卖给国内一些私人收藏家、古董商人，甚至还和外国洋人相互勾结，变卖国宝换取金钱，以供这个团伙日常无度的挥霍，同时也经常以书画来酬谢那些经手帮忙的臣僚们。

溥仪在天津的几年中，经手卖出的书画尽管有一本《佚目》记录下来，但其中漏而不计者甚多，以致无从查对。杨

二五　溥仪与天津日本驻屯军司令高田青树在一起

二六　当年溥仪住过的天津静园

二七　在天津的溥仪与婉容、溥杰（右一）、润麒

二八　唐人阎立本《历代帝王图》

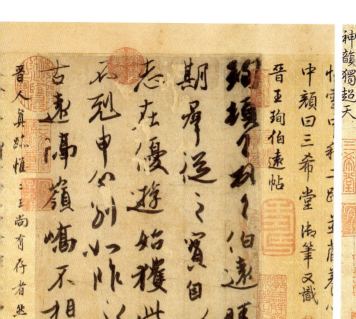

二九 《三希堂》中的"二希"

仁恺曾为此疑案遍查当时所留下的私人笔记、回忆、当事人的交代材料、文献档案，为追寻这些国宝的下落而耗费不少心血。如1952年初在长春市火车站食堂找到了曾担任过溥仪侍卫，当时在天津专门管理书画珍品的严振文了解到一些实情。在王庆祥撰写的《伪满小朝廷覆灭记》中就记载了赏赐经手人，他的师傅陈宝琛的外甥刘骏业就有唐人阎立本《历代帝王图》卷（图二八）、《步辇图》；五代阮郜的《阆苑女仙图》三卷；宋拓《定武兰亭》，这几件均为稀世名作。除《历代帝王图》已流失到美国，现藏波士顿博物馆外，其余几卷名迹历经辗转而今重归故宫博物院收藏。还有大收藏家张伯驹在所撰的《春游琐谈》中记载王献之《中秋帖》与王珣《伯远帖》两件墨迹乃《三希堂》中之《二希》就是溥仪在天津时卖掉了（图二九）。以上三例足以证明溥仪所造成的国宝散失、甚至流失到国外的恶果令人发指。

3.机场被俘　缴获国宝

"九一八"事变以后日本军占领了东三省，并在长春策划了一个所谓"满洲国"伪政权，将溥仪偷偷地接到长春，于1932年4月登上所谓的伪满洲国皇帝的宝座。伪皇宫位于今天的光复路一号，是一处很不起眼的建筑群（图三〇）。在这里溥仪虽然又当上了"皇帝"（图三一），但是他却不甘心留在天津的那批财宝，而日本人也不会失去这即将到手的肥肉。于是由日本关东军司令部中将参谋吉冈安直经手，将存放在天津的法书名画、宋元善本、珠宝玉翠一共七十余大箱运至长春伪宫，堆放在东院一幢四面空旷的小白楼内.实际上这只是一栋灰砖砌的、后用白灰罩面的普通楼房。由日本关东军派员看守，当时除了经管的极少数人员知道内情，就连执勤人员也一概不知内中底细。这批国之瑰宝一直在这座冷冷清清的小楼内，历经潮浸、霉蚀沉睡了十四年之久（图三二）。

三〇　伪满皇宫建筑——同德殿

三一 御学问所又称西便殿，是溥仪在伪满充当傀儡皇帝时的办公室

三二 小白楼

三三　唐韩干《神骏图》

　　抗战胜利前夕，日军节节败退。伪满洲国的汉奸们早已惊魂落魄，各奔生路。傀儡皇帝溥仪更如丧家之犬仍然投奔日本主子。在长春解放前夕携带眷属侍从和大批书画细软，仓皇地逃离了伪皇宫，跑到吉林省通化县大栗子沟。在逃亡期间，随从的皇亲国戚一大帮人，衣食日用支出巨额。而当时所用的伪币又失去了流通价值，只好靠卖珠宝、书画来换取低廉的生活消费品。同时又拿出一些书画"保存"在当地的士绅或地主家中，以备日后局势稳定后取用。经过后来的土改运动，就曾发现有原题名为唐人韩干的《神骏图》（图三三）、南宋名画家赵伯驹《莲舟新月图》、元代大画家赵孟頫《水邨图》等几幅珍贵名画流传市面。根据杨仁恺于1952年从溥仪原侍卫人员严振文处了解到溥仪于1945年8月12日离开长春，14日到吉林省通化市靠鸭绿江岸中朝边界处的大栗子沟，当天将随行所带的《佚目》书画、珍宝诸杂物分给随行人员，剩余物资存放柴扉寮西面四间房内，后来被他的眷属和随从人员偷盗一空。他们于11月7日移至临江县（今靖宇县）之临江公寓，向当地商会林会长行贿十五万元企图逃亡日本。东北民主联军进驻临江后经过说服动员，收回了被溥仪分散到此地的一些文物。溥仪逃出长春伪皇宫前，携走《佚目》书画四箱，计一百余卷，系溥仪平时认为最喜爱的作品。8月19日当他们一伙乘飞机路经沈阳机场时，被我人民解放军和苏联远东军俘获，随身携运的物品一并由人民军队缴回，并责成东北人民银行暂为保管。

溥仪一伙则由苏军押往西伯利亚赤塔市一所特别羁押所看管，随后押解回抚顺战犯监狱接受人民的审判。

从溥仪手中截获的珠宝玉翠由东北博物馆转拨当时的沈阳故宫陈列所，为日后举办宫廷展览发挥作用。而最重要的收获是截获的120余件历

三四　唐周昉《簪花仕女图》

代书法名画，经陈云同志批示，由东北人民银行拨交给东北博物馆。王修馆长亲自领导全馆职工集中开始了清点工作。这是一项既要细致认真，又要有一定书画鉴定基础的专业人员进行鉴定，辨别真赝优劣的工作。此项工作令当时任职东北文化部文物处研究室的杨仁恺兴奋不已。真是十几年磨练的工夫终于有了用武之地。通过初步的登记、整理，发现这批书画中确实有艺术价值极高的国宝传世品，但也掺有一些水平不高，甚至有一些赝品，这只能说明溥仪当时仓皇逃亡来不及选择精品，加之他本人日常又缺乏对古画的鉴赏能力所致。

从此以后，杨仁恺就专一地鉴定书画，选择精品，逐一考证。据他所撰的《国宝沉浮录》中所载：法书精品有晋人所书《曹娥诔辞》、初唐大

三五　北宋徽宗《瑞鹤图》

书法家欧阳询墨迹《梦奠帖》和《草书千字文》、唐大书法家张旭《草书古诗四帖》、怀素《论书帖》、北宋徽宗皇帝《方丘敕》《蔡行敕》和《草书千字文》、南宋高宗皇帝《白居易七律诗》卷、孝宗皇帝《后赤壁赋》等墨迹。除上述法书名迹之外，北宋大文学家欧阳修、南宋大诗人陆游、大理学家朱熹、民族英雄文天祥，以及宋代张即之、元代赵孟頫、鲜于枢等人的诸多作品均系赫赫名迹。

绘画精品中有传为唐人阎立本《萧翼赚兰亭图》，经杨仁恺考证，当为五代时人所绘制，仍不失为一件珍品；有传为唐人周昉《簪花仕女图》（图三四），经他从艺术和历史角度多次撰文论证属唐代后期绘画，传至今日已成绝响之宝；有五代花鸟画大师黄筌《珍禽图》；有南唐北苑副使董源《夏景山口待渡图》，描绘出"平淡天真"的江南景色，唯受鉴家的青睐而无质疑；有传北宋初期开派大师李成的《小寒林图》、《寒鸦图》和《茂林远岫图》，经杨仁恺认证前两卷均为宋画，虽非李氏所绘，但仍不失为国宝。而对《茂林远岫图》通过从作品分析到文献对照考察，他认为"作为李成的传世真迹的信念终于成立"；有北宋中期士大夫画家李公麟《抚韦偃牧放图》，他认为属李氏传世完整无缺的巨迹；有李公麟外甥张激的《白莲社图》；有北宋画院待诏摹张萱《虢国夫人游春图》，他考证后认为"尽管出自北宋宫廷画师之手，已足证明此图卷之意义所在"；有徽宗赵佶《瑞鹤图》（图三五），经他考证应属赵氏所绘《瑞应图册》中之一页，于靖康后散出被人装裱成卷。上述徽宗绘画同珍，未可轩至；有南宋初名画家马和之绘制的《诗经图》、高宗皇帝书写经文十六卷中的《唐风图》、《陈风图》、《周颂清庙之什图》、《鲁颂图》四卷；有南宋初画梅开派画家杨无咎之及门弟子徐禹功的《雪中梅竹图》；有摹顾恺之《洛神赋图》，其绘艺之精绝，竟被清代误认为是顾氏真迹。以上仅举部分精品简述之，足以说明这批失而复得的书画之分量了。

4．千年瑰宝　重放异彩

在溥仪携逃的这批书画中，还有一件张择端的作品。张择端是北宋画家，字正道，东武（今山东诸城）人，早年游学汴京（今河南开封），后习绘画，徽宗朝供职翰林图画院，专攻界画宫室，尤擅绘舟车、市肆、桥梁、街道、城郭。存世作品有《清明上河图》卷，描绘当年汴京近郊在清明节时社会各阶层的生活景象，真实生动。画史和明清以来有关笔记中对此卷极为重视。正因为如此，到明代中期商业经济发展起来，绘画市场随之趋于活跃，苏州作坊兴起，许多无名画师依据传说绘制各种大同小异的仿本以满足市场的需求。此类大都以苏州城市为描绘对象，故后来被统称为苏州片子。历代画史上也多有记录，因为这件作品的真赝本之纷争而引起朝廷内外轩然大波的事情也有记载，但是这幅画真正的面貌却无从得知。

据杨仁恺回忆："1950年秋，从东北人民银行拨来的第一批书画当时尚未整理，良莠杂存、玉石不分。其中有三件同名为《清明上河图》的画卷，我开始也以为是过去常见的苏州片子一类的东西，思想上压根没有想到会在此间出现奇迹。"东北博物馆的工作人员在清理这批书画时先是发现了明代仇英以重彩工笔绘制的《清明上河图》画卷而特加珍藏起来。此卷是参照传闻中张式构图形式，以苏州社会生活现实为背景。因其技法精良，胜过一般苏州片子而视为名流。正是此图的发现，杨仁恺揭开了明代苏州作坊所绘制的所有《清明上河图》的秘密，原来传世的苏州片子都可能出自仇英此图之蓝本。

当时还有一些苏州片和其他书画一起堆放在博物馆一楼西边的一间临时库房里准备放在一般作品里登记。有一天杨仁恺又到库房中检查清理的书画，他从这堆乱画中检出一个手卷，展开后仔细观察，"殊知竟出乎意料之外，数百年来始终被埋没在传闻中的张择端《清明上河图》竟会在这偶然的时间、地点被发现出来。"

这幅画卷八百年来流传有绪。宋时为宣和内府旧藏，靖康之难落入金人手中，经元、明、清初诸家递藏，嘉庆四年（1799年）入清内府，著录于《石渠宝笈三编》。画心纵24.8厘米、横528厘米。用淡彩朴实无华地描绘北宋京城汴梁的民间习俗。清明节这一天富贵人家上坟归城，乡民进城赶集。汴河两岸从城郊到城内绿柳乡径、潺潺溪流、稀疏蹒跚的行人、马队，直到京城内热闹的街市、繁忙的河道、屋宇楼阁、店铺地摊、桥梁舟船、车马人物、树木山石济济一堂。当年汴京的建筑、人物、风情一跃眼前。"顿时目为之明、惊喜若狂。这真是假作真来真亦假，如今得见庐山真面目，心情之激动，不可言状。"

　　杨仁恺将此图逐一与宋人孟元老所撰《东京梦华录》中所记叙的内容相对照，如图中水东门外七里的虹桥是木结构大桥，而所有的苏州片子则都以石桥入画。轿舆、酒楼、店舍、屋宇、车马均一一与书中所记相印证。从技巧而论，杨仁恺认为"是我国绘画传统取得突出辉煌成就的艺术丰碑"。"张氏此图可以说是运用其特长，以游学京师多年观察的心得所得出的艺术硕果。尽管说张氏专攻界画，图中除极少数门棂、虹桥、栏杆外几乎全部不使用界尺。画为浅设色，最工细的要算是汴河中的船只刻画入

三六　北宋张择端《清明上河图》中拱桥局部

微,连一根铁钉都未放过。""线条的运用更见功夫,所表现的质感和量感,远远超出前人所达到的高峰。人物的造型用笔草草,似不经意。各种各样身份通过衣着、形态、表情流露出来,使整个画面更加充满生机、富有活力。张氏本画院高手。能将当时北宋京城开封复杂纷繁的景象摄入画面,较之孟元老《东京梦华录》的叙述更为概括,更为形象,无怪历代以来脍炙人口。早已为之倾心。"此件真迹一直秘藏在清宫内府,后经溥仪盗取出宫,由天津张园转至长春伪皇宫。后溥仪携逃中被俘获,重归人民手中。而今千古之谜被揭开,沉睡千年的《清明上河图》重放异彩。杨仁恺当时的心情兴奋已极,岂能用文字和语言表达其万一!

此图于1954年编入《伟大祖国艺术图录》,即使当时印刷技术尚欠完美,却通过图中的具体生活形象,引起广大读者的重视,声名从此大噪。后来送往北京文化部文物局,郑振铎先生为之撰文,各大报刊广为推荐。于是不胫而走,轰动全国,风靡全世界。这真是:

> 世人寻他逾千载,
>
> 竟没库内旧画中。
>
> 慧眼识宝惊内外,
>
> 千年剧迹放异彩。(图三六)

以上仅以宋元精品叙述,至元代以后,画家名目更是繁多,此不再例举。这批国宝当时拨归东北博物馆接收、典藏。后来遵照中央人民政府文化部文物局指示,为充实北京故宫博物院的藏品,于1952年9月将已入藏的在"三反、五反"运动中清理出来的长春伪皇宫散佚历代书画130余件全部拨交给北京故宫博物院。此后于1957年又将馆藏的五代黄筌《珍禽图》、北宋张择端《清明上河图》、北宋李公麟摹韦偃《牧放图》、南宋赵伯驹《江山秋色图》送到北京去鉴赏。直至1959年十年大庆期间,经中央文化部决定,又将这四件国宝正式拨交给北京故宫博物院。

（二）《佚目》书画追缴纪略

1.伸进小白楼内的魔爪

溥仪逃离长春时，将无法带走的大批书画藏匿在伪皇宫西院的小白楼内，由伪军"国兵"看守。一天，一个执勤的"国兵"不经意地朝着紧紧关闭的楼窗内窥望，只见昏暗的屋内摆满了一个个大木箱子，引起了他的好奇心。那些木箱子里装的是什么东西？为什么如此看守？他见四周无人，索性破窗而入看个究竟。他费力地撬开一个大木箱子，发现里边整齐地摆满了许多长条方形大小长短不一的木匣子。打开一个木匣子，里面是用黄色绫包袱皮裹着的一卷精致的字画，一连打开几个木匣都是一样。他心里想也不是金银财宝值钱的东西，还用如此派兵看守。于是顺手拣了几卷，拿回警卫室。这倒引起了排长和几个曾念过国高稍稍懂得一点书法绘画知识的士兵注意，他们立刻明白了这些大箱子里存放的书画是比钞票还要值钱的珍宝。由此小白楼内藏宝的消息不胫而走。按照伪军的规定，只有执勤人员才能出入伪皇宫，而每班执勤又有一定的钟点，伪国兵们都想利用执勤的机会盗宝发财。它们在短短有限的时间内撬大箱、开小匣，有的人还打开画卷，挑选有名书画家的精品。有时常常是两班哨兵挤在一起互相争夺一件作品，谁也不肯相让，直到撕断撕碎了之，这场景使人想起来都切齿痛心。

为了能让后人了解较为全面的事实，杨仁恺根据前后三四十年中所掌握的被毁残的作品各方面材料及亲身经历的一些事件，做以分条地整理，在《国宝沉浮录》中追述，力图将这场灾难记录下来作为历史见证，以警示后人。据他所指在这场灾难中所毁的名家书画有：唐代虞世南《积时帖》被毁原作已不存，阎立本《职贡图》元人所题跋尾残缺，周昉《地宫出游图》被撕毁已片纸不存，北宋名臣范仲淹《二札帖》残为两段各分异处，名家燕文贵《溪风图》尾部被撕断流失国外，名书家米芾《自书易义》，书心和尾部的几段跋文被撕为两段，米芾《苕溪诗》和大诗人陈洎《自书诗稿》亦被争抢撕毁，大画家李公麟《三马图》亦未逃此劫难，至少撕为三段，还有南宋初徐本所制《历代钱谱》是我国最早研究钱币的传世孤本，已被撕成碎片难以恢复原貌，名画家夏圭的《江山佳胜图》亦毁成数段无法复原。还有元代赵孟頫和夫人管道升、长子赵雍三人《赵氏尺牍三帖》撕毁后佚去其中二帖，凡此种种不胜枚举。原藏在长春伪皇宫小白楼内的历代法书名画在很短的时间内经过执勤"国兵"的一番争夺洗劫，剩下满屋空箱空匣和散落满地的花绫包袱皮，凌乱之景无法言喻。这些"国兵"大多来自东北各省。而后他们将掠夺之宝都送回老家秘藏起来，以待时机好发国难财。

当各地的土改运动陆续开始后，一些"国兵"及其家属害怕被查出伪皇宫抢劫的文物而加重罪名，竟然将手中的书画投入火中焚毁或埋入地下任其腐烂。据初步调查，已有几十卷宋元以来名作毁于一旦。"上面所列举者只是荦荦大者，与实际毁损数字自然有很大的距离，已足以使人惊心动魄了！历史上除去六朝梁承圣三年萧绎的火焚法书名画、隋大业十二年和唐初武德二年黄河运载遭落水之厄运外，此次的浩劫可算是历史上屈指可数的人类精神物质文化的第四次大灾祸！"每当提及此事，杨仁恺总是愤慨难平。

2.追寻"东北货"的下落

长春伪皇宫小白楼散佚出来的历代法书名画，一时成为社会上用黄金为筹码哄抬交易的奇宝，被古玩行通称为"东北货"。而北京就成了贩卖"东北货"的中心。杨仁恺在他的《国宝沉浮录》中秉笔直书了当时国内外各方面，包括国民党接收大员、文物鉴藏者、国外古董客商以及北京为中心，长春、沈阳、天津、上海等城市古玩商号竞相猎取的实情。并对所涉及的重要作品根据多方面的线索，如书画本身的时代特点、艺术风格、师从传统、与同时代作品的比较，画史、文献、考古诸多方面的材料均逐一考证。辨其真赝、肯定其历史艺术价值。并指明流传经过、毁损情况及最后的归宿。

"东北货"首先是被国民党军政大员们"近水楼台先得月"了，其中有

三七 伪满洲国中央银行大楼

辽（契丹）开国之祖耶律阿保机之长子东丹王耶律倍（汉名李赞华）绘《射鹿图》亦属孤本，被前国民党政府教育部长王世杰购买而后于 1948 年携去台湾；前国民党东北一个省的民政厅长刘时范自诩精通古代书画，他以接收大员的身份，一面为其上司效劳，一面从中截留一部分"东北货"私人秘藏起来。他收购有北宋名臣韩琦《二牍》乃属孤本、南宋马和之《齐风图》、明文徵明《自书诗》均真迹。韩、马二卷幸为贵州博物馆收藏。刘氏准备逃离大陆之前，将他所藏卷册交其夫人如氏及其胞弟，后来又流散各地。

段克文是前国民党少将，后转任地方官员，所购藏名迹有北宋王诜《九成宫图》、金代张珪《神龟图》、明董其昌《闲窗论画》、清丁观鹏《九歌图》以及《秘殿珠林》之"宋金粟山经藏"多卷都是拱璧之珍，后经他手卖出散落各处。

特别值得提及的是解放战争中，我第四野战军在东北围剿国民党军队捷报频传。1948年3月，蒋介石任命郑洞国为第一兵团司令官和吉林省主席，担负固守长春的任务。在长春期间，他盘踞在伪满中央银行大楼（图三七）。军书旁午之暇，凭借其权势，用黄金从古玩商以及伪满国兵手中强购"东北货"，但究竟购得多少书画已无法查明。根据日后杨仁恺的多方了解，包括宋元珍品在内的法书名画至少有二三十件。由于他的军旅生活所致，于是将其中一部分交给他妻子保存。解放后经他家人卖出，一部分已流失国外，但大部分作品几经易主，还是被国内几家主要的博物馆收藏了。1948年10月蒋介石几次严令郑洞国率部向沈阳突围，但由于我军长期围困长春，城内敌军给养不足，士气低落，又有部下曾泽生率领第六十军宣布起义，打乱了郑的部署，最后就连守备中央银行大楼的兵团直属部队也放下武器，迫使郑洞国缴械投诚。他随身所携带的几件心爱书画当时已顾不得了，和军用物品、文件材料一并被我军作为战利品上交。长春解放了，郑洞国本人从此走上了光明道路。

全国解放后，郑洞国出任全国政协委员、军委会国防委员。他心中仍然惦记着几件名贵书画的下落，因为那都是国宝。于是他向国家文化部文物局郑振铎局长提及此事，并愿将其全部捐献给国家。立即引起了郑振

三八　1954年3月10日周桓同志经手交东北博物馆书画清单、请示文件

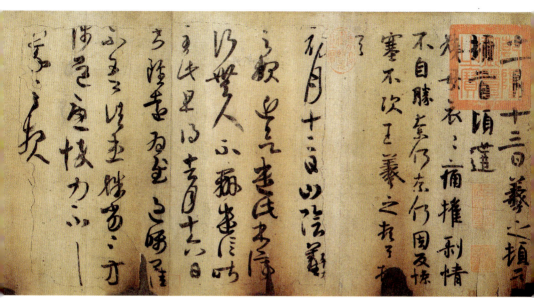

三九 唐摹王羲之《万岁通天帖》

铎的重视，将此事反映到军委机关。当时军委委派沈阳军区副政委、解放长春时任东北民主联军政治部主任的周桓同志出面清查。先找回了几个画卷，经杨仁恺鉴定竟发现有五代杨凝式《夏热帖》、辽代胡瓌《卓歇图》两件千年流传有绪的名迹，后来这两件国宝与东北博物馆其他百余件书画都拨交给北京故宫博物院了。接着又找回了举世闻名的唐摹本《万岁通天帖》及元代王蒙《太白山图》两件稀世珍宝，由周桓同志经手于1954年9月2日捐赠给东北博物馆包括上述两件在内的文物共计44件（图三八）。

《万岁通天帖》又名《王羲之一门书翰》墨迹，纸本，纵 26.3厘米、横253.8厘米（图三九），卷中各代流传印玺有绪。唐武则天大周万岁通天二年（697年），武则天向天下征集二王墨迹，当时的阁臣王方庆将家藏先祖王羲之、王献之父子及诸孙后代的书籍进呈。武氏将其书卷殿示群臣，而后命臣工以此真迹为蓝本，用硬黄纸双勾拓摹以留府内，现存七人十札，每札有王方庆小楷书祖辈名衔以及进献年月和本人官位名称，通称《万岁通天帖》。真迹仍赐还王方庆，早已散佚，由中书舍人崔融作《宝章集序》以叙其事。千百年来王羲之父子被尊为书圣，然而却无传世真迹，加之古代又没有影印技术，只能凭勾摹本流传。传世唐以来的勾摹本及后来的刻帖种种，究其技艺有精粗之别，模糊不清而至笔误之处。被人们争相传诵的《兰亭序》从60年代就有过争辩真伪的学术讨论。毕竟是唐人摹本，中间或多或少掺入了摹写者的笔意。唯独《万岁通天帖》不但没有误摹之笔，即原墨迹纸边破损处也都忠实勾出，足见当初为武则天所摹亦是精益求精了。此卷在千余年流传过程中曾遭遇过明清两朝两次火灾厄运，虽然经过重新装裱，但尤见火熏痕迹，能流传至今已属万幸之万幸了。历代均称为"下真迹一等"被世人所公认，它为我们研究东晋书法提供了可靠的依据。想到千年以前唐太宗得"兰亭"欣喜若狂，武则天得二王摹本甚以为荣，而千年之后杨仁恺竟有幸直接看到并为之鉴定这件天下第一国宝，又能归东北博物馆典藏。每当展卷观赏之时，心情尤是振奋不已。他于1978年写下了万余字的文章《试论魏晋书风和王羲之父子书法风貌》。

就在国民党的军政要员们大肆搜求"东北货"之时，国内的鉴藏家们也随之闻风而动，力图以最低价格购进最好的藏品。这期间杨仁恺经常到北京琉璃厂，在京停留期间经常在荣宝斋经理侯恺的办公室休息。其目地是为了进一步地了解长春散失于社会上的书画下落。由于以前多年的交

四〇　宋徽宗赵佶《雪江归棹图》

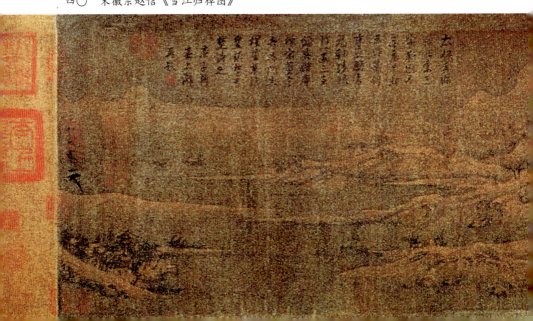

往，各古玩店的老板、店员都对他不存戒心，使他从中了解到许多鲜为人知的内情，而不惜笔墨通过他的《国宝沉浮录》告示后人。

大鉴赏家张伯驹先生以收藏西晋陆机《平复帖》著称，抗战胜利后又不惜重金收购隋唐法书名画。如隋展子虔《游春图》由北京琉璃厂玉池山房伙同几家同行从长春购入，一时引起各方的注目，当时以二十条黄金（即赤足二百两）叫行，真是数额可观。张伯驹先生竟变卖了北京房产达成交易，使此件国宝不至于流失国外。此间他还先后收购有北宋范仲淹《道服赞》、黄庭坚《草书诸上座》、宋徽宗赵佶《雪江归棹图》（图四〇）、南宋杨婕妤《百花图》、元赵雍等《元五家合绘》、明初陈叔起、王绂合绘《潇湘秋意图》等作。张氏收藏路子宽不拘一格，所以才能汇成主流，成为名副其实的大鉴藏家。解放后，张伯驹将自己多年购藏的心爱之物分为两批全部捐售给国家，此种爱国情怀为后人钦佩不已。

惠孝通先生是从事国画创作的，为湖社成员，满族宗室之后。他所购藏的法书名画虽不能与张伯驹先生鼎足相论，但有些珍品可使鉴赏家们刮目相看。其中王诜《渔村小雪图》（图四一）为鉴别北宋郭熙作品提供了依据；有南宋画院高手李嵩《货郎图》小卷；有元赵番刻子、僧士璋、道士张雨、倪瓒、陈基等《五元人墨迹》。尽管惠先生收藏的宋元珍品为数

四一　北宋王诜《渔村小雪图》

有限,却对画史研究很有价值,晚年欣然将所有特藏分别售与北京故宫博物院和上海博物馆。

谭敬先生是上海原先施公司大股东,亦富收藏。他与张伯驹是至友,经常资助张氏度过危机难关。因此张氏常将所藏宋、元以下名迹以顶借款偿还之。他手中藏有南宋赵子固《水仙图》、元赵孟頫《双松平原图》、赵原《晴川送客图》、倪瓒《虞山林壑图》等。其中有赵孟頫及夫人管道升、女儿寄中峰和尚书札《赵氏一门合札》、《赵遹泸南平夷图》两件,后经港商之手转卖美国普林斯顿大学博物馆,甚为憾事。

张叔诚是天津资历很深的收藏家,属满族清室皇亲国戚,在北京琉璃厂开"宝古斋"古玩店,他购藏有苏轼《御书颂》,杨仁恺审定为苏州作坊仿作。元人倪瓒《苔雪溪山图》、明金润晚年作《溪山真赏图》、文徵明《林榭煎茶图》等,于80年代初他将手中书画悉数捐献给天津艺术博物馆。

另外还有吴大澂文孙著名画家吴湖帆、王己千、张大千等人也于此间竞相购藏多件宋元作品。其中有的转卖到国外,有的被携往台湾,有的幸存于国内。

除书画外,还有一批宋元善本图籍被发现是件幸事,曾担任国民党中

央财政部长和中央银行总裁的张嘉璈先生当时被国民政府派往东北地区任财政特派员,他到长春后,发现伪皇宫内尚存一批宋元善本仍散乱地堆放着,于是由他的助手凌志斌负责清理,随后点交给当时任国民党东北文物接管委员的金毓黻先生,后交北京图书馆典藏。

由于当时国民党政府没有制止国家文物出境的法令,致使长春流失的属于《佚目》著录的"东北货"通过香港这座自由贸易的国际大卖场或被

四二 1983年5月杨仁恺与谢稚柳等人由吴同陪同在美国波士顿博物馆观摩该馆珍藏的北宋摹《张萱捣练图》卷

港、台私家收藏，或眼睁睁地流散到异国他乡。据杨仁恺先生查实，一些私人藏家如荣广亮曾收购过马和之《商颂图》及明代吴门画派刘珏、沈周、唐寅、文徵明《西山胜景书画合璧》；陈光甫曾收购过南宋画院朱玉《灯戏图》等；周遊曾收购过南宋文天祥《谢昌元座右铭自警辞》、赵孟坚《自书梅竹三诗》、元代诗人仇远《自书诗》等；余协中曾收购过元人周郎及康里巎巎的书画合璧《杜秋娘图》；张文奎曾收购过北宋郭熙《树色平远图》、米芾《吴江舟中诗》；陈仁涛曾收购过五代董源《溪山雪霁图》、五代孙知微（后改为金人）《江山行旅图》、宋徽宗《金英秋禽图》；王文伯曾收购有南宋人绘诗经《豳风图》等；蒋谷孙曾收购过米芾《自书易义》即《易说》残本等；另外还有美顾洛阜、王己千、方闻、何惠鉴、翁万戈、吴同、傅申诸位先生为各自所供职的博物馆征购流散到香港等地的中国历代法书名画立下了汗马功劳。针对上述所流散的作品，杨仁恺采用比较研究法查阅大量中国古代绘画史论著作、历史文献资料，逐件鉴定其真伪优劣，将其作品之历史、艺术价值再现于人前。

　　杨仁恺这些年来先后考察过美国（图四二、四三）、日本一些著名的博物馆（图四四），同时也考察了上述所提及的私人所藏。除了集中精力

四三　1985 年 6 月，杨仁恺访问美国期间在克利夫兰博物馆观摩该馆库藏书画

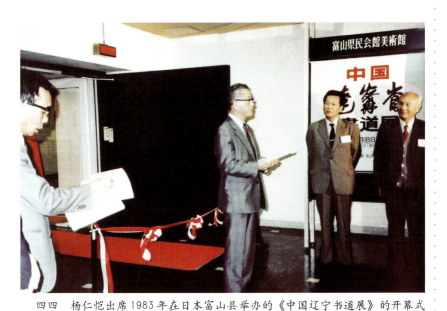

四四　杨仁恺出席1983年在日本富山县举办的《中国辽宁书道展》的开幕式

搜集《佚目》书画作品资料外，也注意到了《佚目》以外的历代杰出作品。从大体上说，第二次世界大战以后，流往美国、加拿大和日本的历代法书名画数量相当可观，至少在两三千件以上。纽约大都会博物馆有英文藏品目录可资参考。还有日本铃木敬教授所著书画录对全美国公私藏家所藏已列出很多。仅就美国六家博物馆就有统计如下：

（1）纽约大都会博物馆藏中国古代书画约四百三十件，《佚目》中有十七件，方闻先生是该馆征集这些藏品的开拓者。

（2）普林斯顿大学博物馆50年代先后购入《佚目》作品七件、中国古代书画百余件。以上两馆所藏宋元书画可称欧美两洲博物馆之冠。

（3）堪萨斯城纳尔逊博物馆四五十年代购《佚目》中作品十余件。

（4）克利夫兰博物馆自二战结束后购入《佚目》作品五件。

（5）波士顿博物馆经吴同之手收购《佚目》中宋元精品六件。

（6）华盛顿弗利尔博物馆庋藏的中国历代书画一百二十余件，其中有《佚目》中宋元精品八件，有几件乃属传世孤本。

此外一些私人手中的藏品则无法一一赘述。通过以上所述，不难看出

四五　1951年7月1日，东北文物界在沈阳故宫举行抗美援朝书画义卖展览会，与赵歧等同志合影。第二排右三：赵歧（女），左三：杨仁恺

中华民族千年所遗留下来的文化艺术瑰宝，历经近半个世纪的坎坷命运，无法会聚于国内，令人为之感慨万千。

3.顺蔓摸瓜觅国宝

建国初期，长春市的一些古玩店、小商小贩及一些伪满"国兵"若明若暗地做起了倒卖"东北货"的生意，在"三反、五反"运动中尤为突出。当时长春市公安局就查获了一批私藏文物，引起了当地政府的重视，立即将此奇怪现象上报给东北文化部。1952年春，东北文化部决定抽调专业人员组成工作组，集中力量清查伪满皇宫散佚的珍贵书画。清查工作首先从长春开始，工作组由三人组成。临时行政负责人由东北图书馆的赵歧担任（图四五），她是吉林省扶余县人，1946年在佳木斯念大学，毕业后当教员。1947年在哈尔滨参加东北图书馆的筹备工作，沈阳解放后，东北图书馆随着东北行政委员会一块搬到沈阳后就一直在图书馆工作。组员有图书馆的人事干事李明，她是长春人。二人都是年仅二十几岁的女同志，

四六　赵昌《写生蛱蝶图》

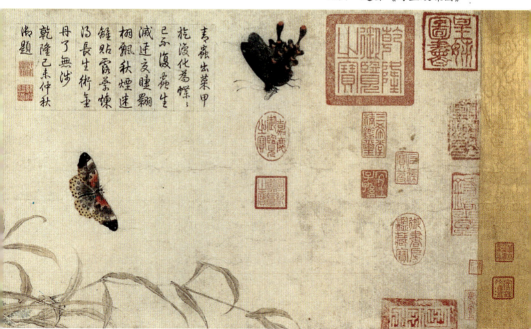

正值朝气蓬勃之年华,还有杨仁恺以东北文化部专业人员的身份在工作组里是清理书画的主要业务力量,当时也仅有三十七岁,正当工作经历充沛之时。他们到长春市公安局报道后,被安排住在公安局招待所。在市节约检查委员会的指导下,借助正在开展的"三反、五反"运动为契机,对已发现和未发现的线索调查清理。查阅大量敌伪档案,走访了曾在敌伪工作过的有关人员。又由公安局出面提审在押人员,从中掌握了许多线索,然后集中立档案。调查组顺蔓摸瓜分析长春古玩市场的动向,逐渐搞清了由

四七　杨无咎《雪梅图》

四八　北宋画院画师绘《百花图》

长春延伸到北京、天津、上海等地纵横联系的脉络。他们将此情况上报，而后由政府制定出有关政策和奖励办法。当时规定直接从伪皇宫抢出来的一律没收，如属花钱买的并有证据的，上缴后还给本钱。隐瞒论罚，如主动交出来，既往不咎。保存有功，给予奖励并登报表扬。

工作组从此便开始了觅宝工作，搜寻的第一个对象是伪满"国兵"朱国恩，他是小白楼事件的主犯之一。当年抢到一些《佚目》书画存放在长春家里，靠出卖字画过着富庶的日子。当工作组深入到他所在的街道居民

四九　南宋人绘《女史箴图》

组时，他心惊肉跳，深怕邻居检举。经过一番思想斗争后，终于将卖剩下的十二件《佚目》书画上缴。经杨仁恺鉴定除有几件赝品外，有北宋花卉大家赵昌《写生蛱蝶图》、南宋初梅花开派大画家杨无咎《雪梅图》、北宋宣和画院高手绘《百花图》、南宋人绘《女史箴图》、元代赵孟頫《行书杂书卷》等五件均为精品（图四六～四九）。

初战告捷，增强了大家的信心，工作组根据上级转来的材料，知道长春人常伯祥建国前以倒卖《佚目》书画牟利，与伪满"国兵"有密切联系，又与长春、北平等地古玩店直接挂钩，转手之间市利百倍，而其人在"三反、五反"期间被查出有严重偷税漏税行为。工作组成员与他接触后向他交代了党的政策，耐心说服，使他深感悔悟。交出《佚目》书画和一些善本古籍及几方乾隆御制砚。书画中有精品南宋人绘《长江万里图》、元人《西湖草堂题咏》均弥足珍贵。

在长春古玩行中有一位赵献臣老人，从小在北京琉璃厂习古玩生意，后来到长春独资经营店铺，收过《佚目》书画。解放后放弃经营，在街道做事。追查工作刚开始，老人就主动交代了过去违法经营的事实，将留存

的六件《佚目》作品全部交公。尽管内有赝品，但是精神可佳，受到当地政府的表彰并颁发奖金以资鼓励。

焦增级是长春古玩买卖的经纪人，经他手曾将唐代孙位《高逸图》、宋徽宗赵佶《柳鸦芦雁图》售与北京伦池斋经理靳伯声，再转售与上海文管会。多次找他谈话向他介绍赵献臣老人的事例，使他稍有觉悟，先是应付地交出几件明清作品。工作组紧攻不舍，继续苦口婆心地动员，向他申述政策，启发他可用一技之长为新中国多做贡献，使得这个年轻人深受感动，终于将自己心爱之物尽数交出。其中北宋崔白《寒雀图》、南宋人临摹的李公麟《山庄图》、北宋燕肃《春山图》等都是艺术价值极高的作品，后来焦增级被任命为长春文物商店的业务负责人。

还有一段三探刘国贤的情节，通过焦增级所提供的线索，工作组又掌握了刘国贤这个人的具体情况。他是个伪法官，为人处事谨慎老练，他有计划地出售一两件《佚目》古字画，而又不向外人交底，极为诡密。工作组成员与刘本人几次接触，向他宣传党的有关政策及追缴这批文物的重大意义，但他始终否认与伪满"国兵"有过交往。经过公安局协助讯问，指证出经他手所售出书画名目及收取黄金数额的事实，他不得不转变态度。

五〇　南宋赵伯骕《万松金阙图》

后来工作组又做他家属的思想工作，这才迫使他交出四件书画。刘某既然肯交出四件就说明动员工作并非不起效果，于是工作组又展开了第二次攻心战术。由杨仁恺和他谈话："你的老乡金香蕙的东西放在你家，你说就是这几件，可是人家说还有好几件，你说的与事实不符。东西放在你手里，以后也在不能卖钱了，因为再卖就违法了。"给他讲清楚利害关系，经过几次谈话，动之以情、晓之以理、以诚相待。使他又交出书画二十七卷之多，这批书画中有北宋画院高手绘《女孝经图》、南宋赵伯骕《万松金阙图》（图五〇）、元人《雪江渔艇图》几件精品。杨仁恺对刘国贤交出的第二批《佚目》书画鉴定后，认为"颇有沙里淘金之感"，"所以从中能见到几件宋元明佳作诚非易事，要有耐心是不可缺少的。"

　　刘氏所交出的这些书画，既然不是他本人从伪皇宫抢的，就必然与伪满"国兵"有关联，于是乘胜追击三探刘国贤。经过多方开导，在党的政策威慑下，他的防线最后被攻破，又交出了最后七件书画。有北宋著名诗人林逋《行书自书诗》（图五一）、北宋北方高手摹绘的唐人《百马图》、北

宋画院摹唐人《游骑图》、南宋赵黻《长江万里图》、宋人《田畯醉归图》等几件精品。刘国贤前后共交出《佚目》书画三十八件，又为工作组提供了重要的线索，使得收缴工作得以顺利进行。因此政府颁发刘国贤奖状和奖金，并在当地的报刊上表彰了他的贡献。

　　根据刘国贤提供的线索，可知他原籍辽宁盖县，后来到长春当伪满法官。他的一个同乡金香蕙是伪皇宫执勤的伪满"国兵"，当兵之前念过国高，毕业后又当过小学美术教师，所以在小白楼抢劫到的书画比别人都多。当他准备回老家时正赶上兵荒马乱，为了安全，将三十余卷书画寄存在同乡前辈刘国贤家，自己仅带十几件返乡。解放初，金香蕙送给叔父两件、卖出两件，自己又离家外出谋职。盖县土改时，他被划为地主成份。他妻子害怕查出所藏书画罪加一等，竟然将丈夫千叮咛万嘱咐留在家中的宝贝当柴薪一卷一卷地送进灶坑，转瞬间化为灰烬。据杨仁恺后来核实考证，被焚书画中有唐人廓填本王羲之《二谢帖》、《岳飞·文天祥合卷》，传世南宋马和之《诗经·郑风五篇》，南宋陈容《六龙图》，明沈周、文徵明

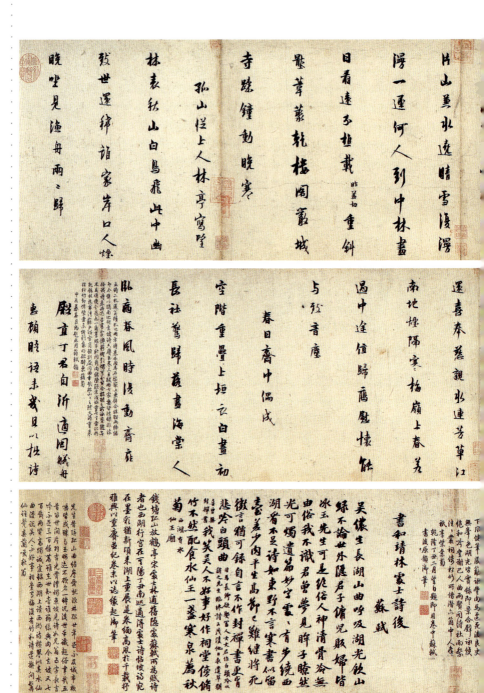

五一　北宋林逋《行书自书诗》

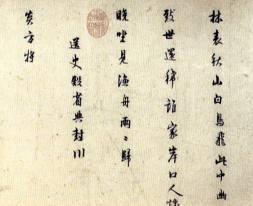

的画卷等。金妻将传世国宝付之一炬,其愚昧之举所造成的损失比之"小白楼"其抢劫案更为惨烈,使世人抱恨终天。

经过两个多月的艰苦细致工作,从古玩商和伪满"国兵"手中收回珍贵书画一百三十余件及一部分善本书。

京、津、沪地区的工作是长春寻宝工作的继续和深入。根据长春清查提供的线索知道,天津人王恩庆也是当年哄抢"小白楼"内书画的"国兵"之一。解放初定居天津,一直从事《佚目》书画的买卖行当,与一些古玩店关系十分密切。又经常往来于长春、京、津之间,几乎成为专营《佚目》书画的中心。经过一段时间的摸底工作,杨仁恺掌握了在六七年中经王恩庆之手倒卖出的"东北货"竟达四十四件之多,而他手中当时还留存《佚目》作品十四件,内有几件乃为宋、元珍品的底细。和王恩庆联系密切的还有几个伪满"国兵",于是又派东北博物馆的研究人员阎万章到兴城、天津、北京等地

——追寻。从他们手中也都陆续地清查出数十件"东北货",而后都先后上交给国家文化部。杨仁恺在整个调查过程中,也基本弄清了一些《佚目》书画的命运和归宿。

由于长春、天津方面与北京琉璃厂发生的一系列关系,使琉璃厂也成为《佚目》书画交易中心。当1946年玉池山房主人马济川去长春打开伪皇宫佚出的历代书画买卖大门之后,消息不胫而走,一时"东北货"成了热门货。起初各店铺独自经营,后来在竞争中为了集中资金、减少摩擦,掌握收购和出售价格更多盈利,于是逐渐发展成了不挂招牌的"八公司"联合体。所谓八公司主要是指玉池山房、墨缘斋、墨古斋、博闻簃、文贞斋、崇古斋、丽生书店和沈阳的刘耀西。直至北京追寻国宝的工作开展,才结束了"八公司"的垄断活动,经他们倒卖的书画除流失国外和香港等处之外,大多收归国有。

大批国宝被追回,促进了北京故宫博物院绘画馆开放的筹备进程,北京故宫博物院是在清宫旧藏文物珍宝的基础上建立起来的。自1949年起,先后开放了历代青铜器馆、陶瓷馆、珍宝馆、雕刻馆及其他一些专题展览,但作为中国美术史中最重要组成部分的中国古代绘画书法馆,由于溥仪的"赏赐"、携宝出逃,接着被国民党迁徙辗转运往台湾,致使清宫庋藏的历代法书名画一扫而空。

建国后,新中国加紧了对国内外书画的征集工作,取得了很大的成绩。更主要的是有经周总理批准从香港用外汇购回一批流散出去的珍贵书画,由张伯驹先生慷慨捐献的一批名迹,尤其是在"三反、五反"运动期间东北博物馆入藏从长春、天津、北京追缴回来的"东北货"一百六十余件尽数拨交故宫博物院。论其质量之高、数量之众、各时代各名家作品之精、全,绝无仅有。如此"大规模的书画作品涌入故宫,为筹备绘画馆奠定了丰厚的基础"。1953年国庆节后绘画馆在北京故宫隆重开幕,千百余件书画珍宝从此大放异彩,一时轰动于国内外。

4.为《佚目》书画正名

1949 年 10 月 1 日中华人民共和国正式成立了，此时百废待兴，人民政府更未忘怀对文物的重视。于 1950 年 5 月 24 日颁布了《禁止珍贵文物图书出国暂行办法》，从而杜塞了近百年来国家宝贵文物漫无止境的流失漏洞。随之长春伪皇宫散佚出来的法书名画不再被国内外古玩商作为逐利猎奇之物。而此间东北文管会已迁入沈阳，在王修的领导下着手筹备东北博物馆的工作。由于天时地利之便，决定再蒐集一些重要的历史艺术品的同时，有重点地对《佚目》书画和善本书加紧购藏。这期间有一件事情使杨仁恺倍觉遗憾，那是 50 年代后期，张珩先生提议将其所藏唐人颜真卿《竹山堂联句》、欧阳修《灼艾帖》、元初钱舜举《八花图》、宋拓《兰亭序》本，价让给东北博物馆。这是出于老朋友之间的交情，杨仁恺深为心感，当即遣保管人员去北京将原件取回。同时张珩先生亲笔书信一封寄至（图五二），信中说明此乃其平生藏品最后一次脱手。他一生酷爱古代书画，先后已有两批散出，此时又一次割爱，有如与亲人告别，痛楚难堪的心情是可以理解的。然而事不凑巧，正逢国家自然灾害之初，经费拮据，又及个别领导对此不够重视，大好机会失之交臂，无奈只好将四件珍宝送返。故宫博物院知道此事后，立即全部购藏。

五二　张珩给杨仁恺的信

东北博物馆筹备之初，首先整理由东北人民银行拨交的第一批《佚目》中的法书绘画，这些作品早有历代帝王、宦臣、文人墨客、鉴藏家出于各自目的和鉴藏水平的高低在历代画史、画论、著录、私人笔记或是题跋上作出不同的评价。又加之一些书画在千年流传中遭到人为作弊，已失原貌。故而使其中一些珍品冠上赝品之名，而一些劣品又被捧若至宝，直到进入清宫，"石渠宝笈"著录也无法全部解决这些迷惑。

《论语·子路》曰："名不正，言不顺。"这些法书名画如不搞清子虚乌有，则无法用来研究中国书法绘画的发展史。而东北博物馆接受的这批《佚目》书画以及此后陆续征集的大量作品，远非杨仁恺一人之功。是靠党的政策，靠王修这样的领导，东北文物处及东北博物馆的集体力量所致。然而失而复得的这批书画，犹如一团乱麻，真赝俱存、良莠不清。能将每一件作品仔细考证，辨明真伪、分清石玉、取精剔劣则不是所有人都能为之，而非杨仁恺莫属了。此时的杨仁恺还未晋不惑之年，正当风华正茂、才华横溢之时，已显示出了一个受过诸多巨匠栽培过的青年学者风采。他又接受了一项新的任务，就是要静下心来，抓紧时间尽快地完成对这批书画的整理鉴定工作。当时馆里由各种渠道收来的上千件书画卷、轴、册页，有的支离破碎，有的损缺惨重。再加之诸多作品的年限跨度大，给鉴定工作增添了很大的难度。倘无卓越超群的知识基础，确实剖腹难辨。而杨仁恺却是胸有成竹、独具慧眼、梳理自如。就其神品、上品、次品、伪品皆有己见。他认为："古代文物包括书画作品，都要经过科学鉴定、品定级别，方能判断真假（历史、艺术），前人之说不可不信，但不可尽信。"尤其是对流传有绪的前人巨迹，一定要采取审慎的做法。他用书画作者有关传世的手迹作比较，根据其流传过程等辅助材料加以考证，然后综合起来作出判断，从中得出令人信服的论点。他在此后几十年的生涯中投注精力到中国古书画鉴定及中国书画艺术史的研究中去，矢志不渝地做着中国古代书画的"正名"工作，动人心弦，功不可没。

经陈云同志批示，于1948年底拨交给东北博物馆的《佚目》书画，连

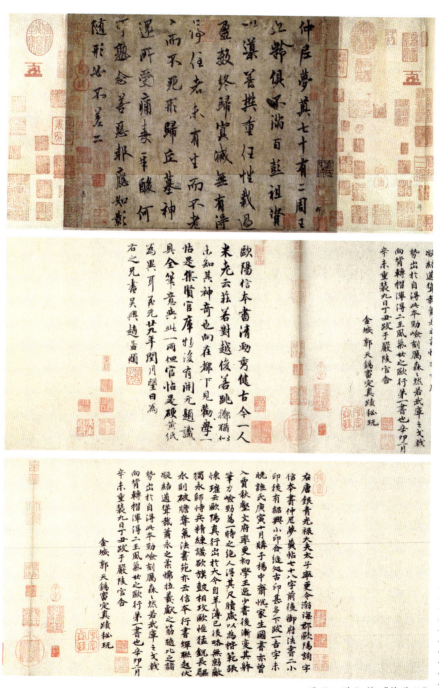

右唐银青光禄大夫太子率更令渤海郡欧阳询字信本书仲尼梦奠帖七十六字前後御府法书之小印後有绍兴小印合连玫古印甚多下跋一吉字未晓谁氏庚寅十月购于崔悦家生国书未曾入贾秋壑文府更初学王逸少素後渐变其体筆方谥动為一時之绝人浮其尺牍感以為稀张怀瓘云欧阳真行出於大令自羊薄已後略無勤敵獨永師得其精練議欲鼓相玫惟猛長驅永则破膽奪氣法书苑亦去信本行書螺褵越伏凝结遒勁裁萧永之纂懔拉义彙之筋随心之诸勢出扵自浮此率勤喻劍屬森然若武庫之戈戟向背轉相渾浮二王風氣如之欧行第一書也辛卯九月金城郭天錫富定真蹟秘玩辛未重裝九日丁丑跋于嚴陵官舍

五三　欧阳询《梦奠帖》

同当时零星征集的数目已斐然可观。杨仁恺对每件作品认真考证,科学严谨、一丝不苟。仅以晋、唐、宋、元以来的精品举例略述,足以明示。

《曹娥诔辞》墨迹之珍贵历代鉴藏家早已推崇备至。留下的题跋、品评几十种文献著录,流传有序,但此卷有待探讨的问题尚多。杨仁恺为之撰文《晋人书〈曹娥碑〉墨迹泛考》,发表在1963年第四期《中华文史论丛》中。文章中就作品本身所提供的材料和文献的有关记载、中国书法艺术发展演变历程论定它确是东晋人的墨迹。《曹娥碑》前后流传了一千五百余年,历经了多少个王朝的改朝换代,转换过不知多少个私人收藏家,遭到难以数计的兵燹浩劫,都没有被毁灭,诚然是一种奇迹。

唐代大书法家欧阳询的墨迹,据知只有四件传世品,竟有两件为拨交之物,即《行书千字文》、《仲尼梦奠帖》。对于《梦奠帖》(图五三)有学者抱否定态度,以为几乎不可想像能有隋唐真迹。为此他撰写《〈仲尼梦奠帖〉的流传真赝·年代考》发表于1983年8月《书法丛刊》第六辑中。使《梦奠帖》经得起各种各样的严格考验,终于成为全世界所瞩目的欧氏赫赫巨迹。

唐开元时的大书家张旭为我国狂草书的开派人,这批书画中有张氏传世的《古诗四帖》,此卷原入藏北宋内府,《宣和书谱》著录,而各代流传有绪。入清内府后,在编纂《石渠宝笈》时竟被鉴定为"次等"(即赝品的同义词),因此在漫长的二百年中受到冷落、不被珍视,传至今日,却还有人对之表示

五四　张旭《古诗四帖》

怀疑。杨仁恺为这些国宝鸣不平，于1978年第一期《书法》杂志上撰文《张旭的草书面貌和他的〈古诗四帖〉》，论证必为张氏真迹。上海美术出版社复制此卷发行时又撰跋文一篇，对此卷的历史、艺术价值以及作者张旭在草书创新诸方面作了进一步探索，以阐明自己的观点（图五四）。

宋徽宗赵佶以"瘦金体"书传世较多，而行草甚少。在拨交的法书中有两卷是他的诏书《方丘敕》、《蔡行敕》，前者有人认为是内廷郎官手笔，从而排除是赵佶真迹。后者《石渠宝笈》、《佚目》等著录认为是宋太宗赵光义所书。为了科学地认证历史艺术品，杨仁恺于1962年7月撰文《宋徽宗赵佶〈方丘季享敕〉考》、于1979年4月撰文《宋徽宗赵佶〈蔡行敕〉考弁》、于1983年撰写了《宋徽宗赵佶书法艺术琐谈》。否定了上述观点，他在《徽宗朝实录》和蔡絛所写的《铁围山丛谈》的史料中找到了答案，证明了蔡行其人不是太宗时的殿中监，而是宰相蔡京之孙，蔡絛的侄辈人。找到这条线索后，杨仁恺对《方丘敕》和《蔡行敕》逐字相互对照后认为："尽管两敕表面上存在着差异，但每个字的书写方法却是同出一人手笔。""它们之间存在着多么酷似的共性。""主要是行笔的完全一致，达到天衣无缝的统一。"杨仁恺终于为这位千年前的皇帝还一个公道了。

《佚目》中还有宋高宗赵构《草书洛神赋》、孝宗赵眘草书《后赤壁赋》均被张冠李戴。杨仁恺于1981年撰写了《关于宋孝宗赵眘〈后赤壁赋〉的几点考察》，1982年又撰写了《宋高宗赵构的书法艺术和他的〈洛

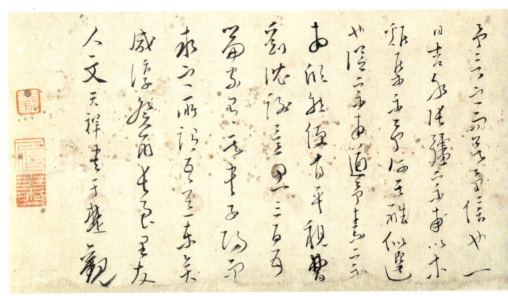

五五　文天祥《木鸡集序》

五六　宋摹顾恺之《洛神赋图》

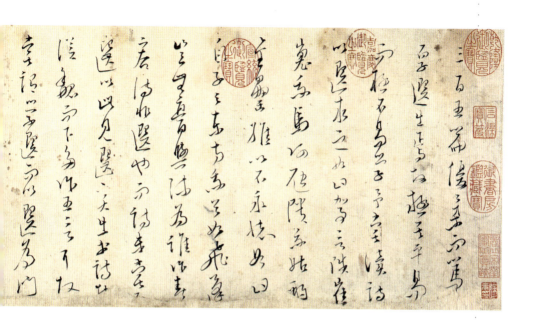

神赋〉考》，将两件墨迹恢复给本来的主人。宋朝三代皇帝的翰墨藏在一处交相辉映，实为千载难逢之幸。

众所周知，民族英雄文天祥为后人留下的"人生自古谁无死，留取丹心照汗青"的悲壮词句。然而他还是一代书家，在拨交的法书中有一件文氏于咸淳九年的冬至节，他四十八岁时应诗集作者张强（宗甫）之索，书之《木鸡集序》，竟被当作赝品载入《石渠宝笈》初编中，使本来就流传极为稀少的文天祥墨迹蒙受了二百年的委屈而不得伸。杨仁恺于1980年1月撰文《试谈文天祥和他的〈木鸡集序〉》文中写道："当我们追念起民族英雄文天祥可歌可泣的事迹时，当我们朗诵伟大爱国诗人文天祥的诗篇时，当我们看到文天祥亲笔所书的《木鸡集序》的真迹遗墨时，它对我们每个人的感受是非常强烈的，所受到的启发是非常深刻的，给人们的鼓舞作用也将是深远的，这是毋庸置疑的。"（图五五）

东北博物馆入藏的《洛神赋图》卷是争论较多的名画之一。此卷在未入清宫以前，已是传世的知名巨迹。见于明清两代著录的不下十余家之多，大都认为是东晋顾恺之的真迹。杨仁恺经过多次与原作接触，展卷反

复推敲，得出此卷非顾氏所绘，而是从顾氏原本或至少根据当时"下真迹一等"的古代摹本由北宋高手所摹。他认为："顾恺之真迹已渺，即后世摹本已稀，此卷临摹技法超绝，竟令历代名鉴藏家误以为真，为'下真迹一等'最好的注脚。从我国卷轴画史角度言之，此卷虽属摹本，由于效果逼真，犹存顾氏面目，可与《女史箴图》同珍，奉为双璧（图五六）。"

对于举世闻名的唐人周昉《簪花仕女图》，杨仁恺近四十年中已多次将此作发表问世。"我先后写过专书和论文予以分析阐述，并与同行中个别的所谓五代作品论点进行研讨，越是深入探讨，使我对此图必为唐中后期作品的信念更加强烈，好在国内外对此图的年代问题基本上接近一致。即使有极为少数的不同看法，也只是唐与五代之差而已。但这并不影响作品之成为国宝而存在，应受到极大的珍视。"

阎立本是初唐大家，后来有不少作品都冠以阎氏大名以抬高身价。在这批入藏作品中有《萧翼赚兰亭图》、《女孝经图》。经杨仁恺辨认，前者应属五代之物，后者应为南宋兴隆、乾道、淳熙以后民间杰出作品。虽非阎氏所为，但并不减其艺术光辉。

五七 李成《茂林远岫》

李成是北宋初期的开派大画家，他在我国山水画界的影响更为深远。此人一生惜墨如金，作品流传绝少。北宋以后伪作很多，没想到八九百年以后，竟于这批拨交作品之中有三件题为李氏作品。即《小寒林图》、《寒鸦图》、《茂林远岫图》(图五七)，究竟全是"俗手假名"，还是有出奇之品淹没其中。杨仁恺以国内外所冠名李成作品与这三件就其时代、风格、艺术手法分别加以比较考察，先后于1962年3月撰述了《宋人寒鸦图析》、1987年撰写了北宋李成《〈茂林远岫图〉与传世诸作之比较研究》，他认为《茂林远岫图》应为李成真迹。但谢稚柳先生主张此图为燕文贵手笔，尽管专家间存在两种不同见解，却无碍于其作为国家珍宝的地位。《小寒林图》虽未能肯定为真迹，但可视为李成的嫡系精品，极应珍重。《寒鸦图》有可能出自"宣和"或"绍兴"画院高手，已不可多得，因此说被著录为李成名下的这三件作品都是难得的宋人杰出铭心之作。

　　在这批书画中，用北宋名家李公麟名字的作品竟达八件之多。杨仁恺综合古今中外各方面的研究成果认真分析，得出了自己的观点。即《前代故实图》、《君明臣良图》为明人所绘，《临韩干狮子骢图》乃明人抚本，《明皇击球图》、《九歌图》、《商山四皓会昌九老图合卷》均为南宋人绘制，《抚韦偃牧放图》确属李氏传世珍宝，《白莲社图》应为李公麟甥张激(号达悖)的作品。在拨交的作品中还有许多晋、唐、宋、元、明、清各派名家的法书绘画。杨仁恺在近半个世纪以来一直潜心研究，为中国古代书画"正名"而著书立说，笔耕不辍。

（三）情系《国宝沉浮录》

　　追寻国宝的工作在杨仁恺一生经历中只是暂短的一段，但却是他一生中所做的重大事情之一。他为此历尽曲折和艰辛，正如他自述："1952年春，受命赴长春清理伪宫流散文物。时机成熟，得以直接参与其事。同社会上各种各样人物打交道受到了锻炼，增长不少经验和知识。由于限期短促只好昼夜兼程，跑遍东北和华北地区，酸甜苦辣滋味备尝。犹孜孜不倦、以苦为乐。当发现一件国宝时，精神上所得到的慰藉比任何物资上的享受要高出不知多少倍，所谓'发潜德之幽光'它使我思想上常为之激动不已。"杨仁恺以他那坚强的毅力、聪慧的头脑、敏锐的眼力、内心中沉淀的丰厚历史文献和书画鉴定的专业知识，百折不挠、勇于探索的精神，出色地完成了新中国交付给他的历史重任。然而杨仁恺却不以此为满足，从国宝的沉沦到重归于新中国，他最初的心理是"希望散佚的国宝不至于渺无踪迹，期待有机会能欢快地与名作晤对，一饱眼福、于愿已足。自我参加国家文博专业行列之日起，思想上发生了较大的变化，树立起主人翁的责任感。想方设法试图将散佚在各个隐蔽角落里的国宝发掘出来，重放异彩"。杨仁恺在追踪国宝，遍查历史文献资料的过程中，深深感受到中国历史上因改朝换代对文物造成的损失是很严重的，但都没有很详细地记载过。所留下来的文字记载多语焉不详，使后人做研究工作倍感困难。溥仪盗宝后，北洋政府曾派官员前去清点。无意中发现了当时由太监记载的"赏溥杰账单"，此后据此账单草草编成《故宫已佚书画目》（包括善本图笈）一本薄薄的小册子敷衍了事。杨仁恺在后来的清查过程中发现《佚目》中竟漏计百余件之多，而其中尚有许多国宝。他认为"如果就我们后来所发现的，依然按他们所编的《佚目》予以增减，无异重蹈覆辙，反而远逊于前人的著录和访求笔记一类，与时代要求大相径庭，实有所不取，亦有所不甘。明知故犯任何人都不屑于出此下策。它既属于历史上的重大事件，我们有责任通过具体的人和物作出如实的描述，虽不敢使之成为信史，至少应尽

故宫散佚书画见闻残略 葉府書

楊仁愷 著

國寶沉浮錄（增訂本）

五八　茅盾题《故宫散佚书画见闻考略》

可能还它历史的本来面目。本乎此义，我前前后后与若干当事人有过多次接触，并留下厚厚的记录巨帙，对发现的大批法书名画作品进行过反复地推敲观察，然后按照客观的进程，分为章节，加以铺陈。以事件中人物、活动为经，以作品历史艺术分析为纬，见人见物，庶几不至于流为官样文书，形同嚼蜡之感"。于是《故宫散佚书画见闻考》初稿在"文化大革命"前夕已基本形成。沈雁冰（茅盾）先生生前得知这件事后甚为关怀，欣然提笔为之题签《故宫散佚书画见闻考略》（图五八）。

初稿完成后正逢"文化大革命"灾难降临。当时教育界、学术界、新闻界、文艺界、出版界几乎所有的领导都被打成"走资派"、"黑帮"、"反革命修正主义分子"。大批的科学家、文学家、艺术家、医学家和著名的教授、编辑等都被当作"反动学术权威"受到批斗和抄家，杨仁恺也是其中的受难者。"文化大革命"一开始他就成了博物馆的"五朵黑花"之一，在被审查批判斗争过程中，曾多次遭到毒打、迫害。他所有的文稿连同图笈诸类概备查抄、没收，本人也被赶到五七干校接受改造。直至1969 年末从五七干校获释回到沈阳，未待久留又被迫携带全家老小迁往艰苦偏僻的辽宁东部山区岫岩县"插队落户"。临行之前，杨仁恺惟独惦

五九　杨仁恺重返岫岩县与当地干部合影

记着自己用心血凝成的各种文稿，于是他鼓足勇气找到造反派头头，向他们提出索回文稿的合理要求："我这稿子里没有反党反社会主义或是与其他的坏分子有联系的内容，你没收我没意见。你审查稿子，看有没有问题，如没有问题就还给我。那是我过去的稿子，你不能说我当时反映"三反、五反"的工作，我没有违反国家的政策。造反派很厉害，就是不给，我说你们不给我就不下乡了。"幸好造反派对这些手稿不甚感兴趣，为了让他们早去岫岩，便将手稿退还。"稿子虽然还了，但有些东西没有了。像过去人家给我的信件、给我写的字画，不给就不给了。但这几本稿子上面记载着历史，对我来说是很重要的。"杨仁恺带着这部手稿在岫岩山区插队的两年中，每当劳动之余暇不顾筋骨的酸痛，在简陋的土房中引灯伏案（当时只是吃饭的小桌子），继续审阅修改他的手稿，借以排遣他心中的忧郁情思（图五九）。

党的十一届三中全会以后，落实了知识分子政策，于1972年3月杨仁恺又回到了思念已久的博物馆，开始了他新的征程。70年代末到八九十年代中他多次应邀访问美国、日本、加拿大、新加坡、马来西亚等国家，参观了许多以收藏东方文物著称的大博物馆和一些私人书画鉴藏家的藏珍。出席过各种性质的国际学术研讨会。他聆取各方专家学者的卓越论点，眼界为之打开。更为庆幸的是他对流散于国外的《佚目》书画得以寓目，从而充实了几经修改的书稿内涵。正如杨仁恺在书序中所述："由于本书延迟三十年付梓，能纳入国内外更多的新资料，更能显示出国宝沉浮的来龙去脉，增加了它的透明度，有助于读者对这段重大历史事件有较为全面的认识。"

此书稿在编辑过程中，上海人民美术出版社责编黄振亮先生又为此书

沪版十种畅销书

1991年上海版新书大联展，推出上海36家出版社5000种沪版图书，销售额达43万元。10种畅销书依次排列如下：上海辞书版《赠言词典》、上海译文版《最初五分钟》、上海文艺版《海粟室闲话》、上海翻译版《上海笑星游传奇》、上海辞书版《小学生作文评析词典》、上海译文版《世界文学名著》（普及本）、知识（沪）版《费正清对华回忆录》、上海人民版《红色的起点》、上海三联版《影响世界的100件大事》、上海人美版《国宝沉浮录》。

（《上海新书目》91·12·19）

六〇 报刊刊登十种畅销书的报道

提议改名《国宝沉浮录》，使这本书的主题显得更为明快宜人了。

　　杨仁恺竭尽四十年之精力，撰述了58万余字举世闻名的《国宝沉浮录》，终于在1991年8月由上海人民美术出版社正式出版发行，成为当年上海版新书大联展推出上海36家出版社5000种沪版图书中之十种畅销书之一种（图六○）。随后又经上海人美、辽宁辽海出版社、台湾新中原出版社再版，并发行增订本，台湾还有彩片图版本的问世，但仍然满足不了广大读者的需求。

　　这是一部集中国古代书画鉴定学、中国古代书画艺术史论、历史文献考证学、书画艺术作品比较研究学为一体的巨作，它填补了中国书画著录鉴定史学的空白。它有助于我们了解中国书画作品的艺术特色，流布情况及历代鉴藏始末。这还是一部爱国主义的好教材，作者满怀着深厚的民族感情，在书中以鲜活的事例，具体翔实地记述了中华民族千年留传下来的珍贵法书绘画艺术品，在日本帝国主义侵略中国、军阀内战期间，中国人民惨遭涂炭，而国之瑰宝也在劫难逃，一些国内外的古董商人内外勾结，使大批国宝流佚异国他乡的来龙去脉。在中华民族文化艺术史上打下了屈辱的烙印。它还记载了老一辈文物工作者和许多爱国志士、私人收藏家为了使国宝不再遭损毁，早日回归祖国，不顾性命安危，不惜一生积蓄的血

六一　1992年杨仁恺应邀赴新加坡进行学术访问期间，拜访潘受先生，并将《国宝沉浮录》一书赠之

汗钱，不辞千辛万苦的动人事迹。
这部书出版后，不论是专业人士从
书中查阅材料，还是一般人猎奇书
中的趣闻轶事，它都会紧紧地抓住
读者的心，使人们不知不觉地升腾
起一种爱和憎。因为书中传达了一
种爱国主义的信念；传达了热爱中
华民族悠久传统文化的信念。它启
迪人民如何把对民族文化的责任
感、使命感一代一代地传承下去。
这种教育是实实在在的，它达到了
凝聚民族力量的作用，有一般"说
教类"的书籍绝对达不到的效果，
这就是这部书至今畅销不衰的原因
所在。1992年杨仁恺应邀赴新加坡
进行学术访问，期间与老朋友、新
加坡著名学者潘受先生见面时，将
《国宝沉浮录》赠之以求指教（图六
一），潘受读过此书后深为感叹，特
挥毫赋诗一首，以表自己的兴奋心
情（图六二）。

> 墨迹能干泪不干，
> 　网罗盗失捄（救）殚残。
> 一编国宝沉浮录，
> 　辛苦辽东管幼安。

　　　　　　　　（图六三）

　　　六二　潘受挥毫赋诗以表情谊

六三　杨仁恺再次赴新加坡在潘宅与老朋友潘受先生合影

　　前北京荣宝斋副经理冯鹏生先生曾对此书作了客观的评价："这部巨著如实地记载了佚散作品的真伪、内容、形制、艺术特点、流散过程及现状。而且作出了独具个性、色彩的科学评断，对于寻觅国宝具有重要的指导意义。""明人董其昌曾就历史上的鉴赏人才作过一个统计，他列举了从西晋的张华到明后期的项元汴共有一百七十八位可称其为'家'的鉴定者。如果加上清代的鉴定家孙岳颁、高士奇、王石谷、梁清标、安歧、顾复、梁章钜、卞永誉、江标等人及近、现代的一些鉴定家总共不过二百人。从史籍中我们可以查阅到他们的著作和对历史文化所作出的贡献。诸如：《历代名画记》、《书法要录》，米芾的《书史》、《画史》及《图画见闻志》、《宣和画谱》、《画鉴》等，而杨公的著作从深度和广度及鉴定学的系统化来看，可以说已经超越了他们。"杨仁恺为中国古书画鉴定事业作出的贡献是有目共睹的。

第三章 扎根黑土地 耕耘博物馆

新中国成立后，在党的领导下，我国博物馆事业获得了迅速的发展。人们对于博物馆的认识也产生了新的变化。50年代博物馆是科学研究机关、文化教育机关、物资文化与精神文化遗存或自然标本的主要收藏所。基本任务是为科学研究服务，为广大人民服务，这种看法已为广大博物馆工作者接受。这对于杨仁恺来说，如是又一个春天的来临。他于1949年来到东北人民政府文化部文物处任研究员工作。几个春秋忙碌在接收追缴清宫《佚目》书画的第一线。后东北文化部撤销建制，他被调到东北博物馆研究室负责文物鉴定、征集保管和陈列设计的工作。他精神焕发，以崭新的姿态踏上了建设新中国博物馆的新征程。

（一）一生奔波蒐珍品

藏品是博物馆事业活动的基础，也是它所拥有的社会宝贵财富。藏品质量的高低和数量的多少是衡量一个博物馆社会地位及其作用的一个主要条件。建国以来辽宁省博物馆（原名东北博物馆）的馆藏文物得到不断地充实、丰富，逐渐形成了独特的藏品风格。张拙之馆长认为保护祖国文化遗产是博物馆的重要职责，文物藏品是博物馆业务活动的物质基础。藏品数量多少、质量高低是博物馆知名度之所在，因此他对文物征集工作十分重视，千方百计地派人到全国各地开展征集工作。当时许多老同志都参与此事。因为杨仁恺对北京琉璃厂很熟，又和许多知名的书画家、收藏家有过从，因此对征集工作尤其积极热心。他为博物馆征集书画扩大馆藏倾注了大量心血，收到了很大的成效。

1.补救薄弱环节

书画征集工作是一项专业性很强的工作，也是一项复杂而细致的工作。经历过解放初伪皇宫《佚目》书画追查工作的杨仁恺深知历代书画的珍贵性。而东北博物馆当时馆藏书画是以东北人民银行移交伪满溥仪携逃未遂的历代法书名画一百二十余件和后来从长春追缴回来的书画为主体，时代自东晋至清乾隆年间

六四　杨仁恺在上海、湖北书画鉴定时给保管部主任的信函

上下一千四百年。宋、元以前的东西多而精，而明、清的东西很少，对中国绘画史来说形成了头大尾巴小的局面。为了改变这种状况，通过各种途径，重点征集明、清作品。由于杨仁恺与不少收藏家有广泛的交往，同时又与京、津、沪、沈各地文物商店建立多种渠道的联系，凭着对他的信誉和友谊，历年来以捐赠和价购等形式增添了不少明清藏品。据了解，文化大革命前经他手征购的书画平均每年在百件左右。改革开放以来形势发生了变化，有许多私人也都倾注于书画收藏，因此征集好的作品比较困难。但已步入花甲之年的杨仁恺仍然不放松征集工作，即使在他参加全国书画鉴定时，也常利用工作之余，各处走走看看、了解情况、探寻线索（图六四）。在上海鉴定书画时，他常到朵云轩去。由于他和朵云轩几十年的交情，先后两次为辽宁省博物馆征购书画二百余件。在他出国访问期间，同外籍华人及华侨交往接触，建立了友好的信任关系，努力为辽博征集文物。

位于菲律宾首都马尼拉市郊岷海之滨有一座名曰"涂园"的豪华别墅。主人庄万里是菲律宾一代儒商，侨界首富。别墅内的"两涂轩"是主人治业余暇品茗阅书、自修陶性的书斋。主人一生性喜古物，尤嗜名人字画。第二次世界大战期间，他置身商界，环游世界。亲睹中国古物国粹大批沦落异国，感慨万千。从此他立下自愿，发现中国名家书画，遂不择绵薄，广为搜求。抗战胜利后，庄万里才有条件进行大规模收藏。他不惜重金从日、台、港、东南亚特别是日本的古董店、文物市场、收藏家手中收购大量中国古代书画。到他60年代去世时，已有包括宋、明、清直至近现代的人物、山水、花鸟和书法四大门类共七百余幅精品充盈"两涂轩"，并对其中一些残旧破损的作品又重新装裱一新。这些作品中有著名的书画大家所为，也有许多画史上有名但传世作品极少见的小名头画作，基本上可以反映出中国艺术史上著名画家的风貌以及明清时期整个艺术丰富多彩的变化，可以从中搜索中国艺术发展的轨迹。从此"两涂轩"成为东南亚最大的中国书画的私人收藏地。作为大收藏家，庄万里具有开阔的心胸和眼光。他常对家人说："家藏乃国之瑰宝，有朝一日要回归祖国，完整保留。吾人欣赏之余，应该倍加爱护。"庄万里先生逝世后，其子庄长江、女庄良有继承父业，成了"两涂轩"藏品的守护者。他们为完成父亲的遗愿，一直为如何安排父亲留下来的文物遗产思索着。他们整整筹措了八年，终于决定把父亲的书画藏品捐献给上海博物馆这座世界级的一流博物馆，使这些早已流出故乡几十年甚至几百年的中国书画早日回家。在这些珍贵书画尚未得到归宿之前，庄氏兄妹决定要把全部藏品重新整理一番。他们先后请过北京故宫博物院刘九庵先生，上海博物馆钟银兰、单国霖二位专家以及启功先生为之鉴定，但还是留下一些疑难之处未得定论。

2000年8月初，庄氏兄妹又亲发邀请，杨仁恺特为拨冗前往马尼拉庄家为之解决疑难。经过五天多的展卷细察，使许多画作拨开迷雾。其中有一件明沈周《雪景山水图》卷，纸本水墨。当年刘九庵先生鉴定为跋真、画伪。杨仁恺再三审阅此卷，鉴定作于成化年间，正当沈氏中年，功夫殊佳。图后自题七绝写于已渲染后之墨色上面，容易被人误看，款真实则不然。拖尾陆士仁诗题并记，在杭州时购得此卷。书近文徵明，盖文氏之门人也。此卷却是沈氏真迹，后有明人张丑、叶梦龙、何昆玉递藏印，邓焯

六五　2000年8月初应菲律宾华侨庄万里之子女庄长江、庄良友之邀请，前往鉴定所藏书画

衮款。还有一卷所谓苏轼《墨竹图》画是假的，但引首题跋都是真的。在杨仁恺看来，有一些作品上博虽然没有接受，但是做研究资料，辽博收藏还是有价值的。"人舍我取，各有用途也。"他当场即向庄氏兄妹表示，请转赠辽博一部分。立刻得到庄家兄妹的应允，因为辽博也是全国知名的大博物馆之一。随即在庄家藏画中挑选出包括上述两件在内的明清以及国民党元老于右任、齐白石等人的书画作品十五件，开具清单、办理手续、包装好。在深圳何香凝美术馆办公室主任王鹏的陪同下亲自随机携带经香港、转深圳、返回沈阳机场后直奔辽博，亲自交给保管部办妥接交手续后才驱车回家（图六五）。

有一件事情值得回忆，那是1958年时他从北京购入明代画家沈周的《淇园春雨图》，可惜这件珍贵作品残缺不全，只剩首尾两端。事有凑巧，十七年后的1975年，辽宁省文物商店把中间部分收购上来。经杨仁恺鉴定，确认是《淇园春雨图》的中间部分，终于使这幅名画残而复全，恢复了原貌。

1960年1月22日，辽博经他手一次就购入周之冕《设色花鸟草虫卷》、祝允明《草书七言律诗》立幅、唐寅《行书吴门避暑诗》立幅、石涛《水墨兰花》册、王原祁《设色山水》立幅、边寿民《白描花果》册、华嵒《梧桐鹦鹉》立幅、罗聘《行旅图》等三十三件；

1963年经他手又购入了吕纪《梅石狮头鹅》立幅、徐渭《芭蕉梅花》立幅、唐寅《悟阳子养性图》卷、孙克弘《竹菊》立幅数件；

1964年经他手购

六六　1975年6月于省吾与其研究生姚孝遂来沈，杨仁恺陪同参观沈阳故宫

入高其佩指画《钟馗图》立幅、王原祁《设色西湖十景图》卷、何浩《万
壑松涛图》卷、陈鉴如《竹林大士出山图》数卷；

1974年2月20日经他手又为辽博购入祝允明楷书《东坡记游》等明
清书画三十四件。

由于征集工作面向四面八方，也是有竞争的。虽然辽博建馆以来有过
很高的名望，是吸引捐献者的重要条件。但是也有许多捐献者是出于对杨
仁恺的友情和信任而捐献给辽宁省博物馆的，这样的例子举不胜举。如：
1977年8月1日，吉林大学教授于省吾先生将个人所藏王宠《泥金草书》
扇面、元人《双勾竹》立幅、王国维致雪堂《书札册》等书画五十九件捐
赠辽博（图六六）；

1978年1月17日，北师大教授启功先生将其祖先遗留下来的年羹尧
《题墨竹横幅》、《和亲王书中堂》等十九件明清书画和康熙御题端砚等捐
赠给辽博；

1982年7月，吉林大学于省吾教授和著名画家周怀民先生联合向辽博
捐赠意大利传教士利马窦《设色野墅平林图》；

1987年4月，上海私人收藏家高其渊、高其进昆仲将他们所藏文徵明
《小楷书》、董其昌《云林图》、戴熙《山水图》、陈洪绶《人物故事图》及
六朝和唐人写经等书画共计一百一十七件捐赠辽博。正是由于明清书画的
不断大量征入，使得辽博能够经常举办一些各具特色的明清书画大展。除
了在国内的一些省级博物馆展出外，还先后到德国、日本、美国、韩国等
国家和地区出展，受到国际友人的好评。

2.购买别人家的"祖宗"像

中国古代人物肖像画源远流长，早在先商时期已初见端倪，元代形成
独立画科。至明代随着人物画的衰退和文人画家与职业画家分道扬镳，肖
像画逐渐走向民间。有一次杨仁恺在北京琉璃厂发现有一批明清时期的肖
像画（又称影像）挂在那里无人问津，但却引起了他的注意。他知道在中
国还没有照相机的明、清两朝，有钱的大户人家经常请职业画师为家里的

六七　杨仁恺指导装裱人员修复明清影像

长辈、祖先画像，用以供奉或瞻仰。后来这些大家族衰落之后，就将老祖宗画像拿出来卖钱。那时候价格很昂贵，叫"洋装货"，多为外国人所买走。新中国成立之初，外国人不来了，琉璃厂就卖不出去了。外国人走了，辽博买了。买别人的祖宗干什么用？因为几百块钱就可以买到质量上乘的画像。于是经张抽之馆长批准，仅花很少的钱就买进二百余幅明、清影像。但是在文化大革命期间，博物馆库房多年失修，漏雨严重。致使这批影像惨遭潮湿、霉烂不成样子。文化大革命结束后，博物馆人员清查库房文物时，无奈将这批腐烂的影像列入准备销毁文物的上报清单中，一直等待上级批准后好处理掉。后来在杨仁恺任副馆长期间，立即组织人员，对这批影像进行抢救性地修复。在博物馆装裱技师戴力强、徐昕等同志的日夜奋战下，将其中损毁严重的七十多幅装裱一新。于1998年在馆里举办了"馆藏明清影像展"（图六七），至今这批影像成了辽宁省博物馆珍贵的藏品种类之一（图六八）。

3.齐白石欣绘长卷赠辽博

在杨仁恺看来，博物馆收藏艺术品，应该是古今中外一应俱全，而当时的辽宁省博物馆是有古缺今。于是征集近现代作品也提到工作日程上来。为了征集齐白石大师的绘画，于50年代初利用齐白石的三儿子齐子如（良琨）、齐白石的老师胡沁园先生的孙子胡文效都在博物馆工作之便，同时杨仁恺于40年代又与齐白石有过交往，尤其是因胡文效的祖父对齐白石的培养，使他由一个乡间的木匠变成画家，他一生感恩戴德念念不忘。因此对胡文效非常爱护，呼之为阿龙。通过这些特殊关系去做齐白石的工作。杨仁恺和胡文效、齐子如多次到湖南白石老家收集他早期作品。并多次赴京到齐府请求这位大师为东北博物馆绘画、写字。指定内容、指定题词，齐白石都一一照办。1954年4至6月间，博物馆还专为老人举办"人民艺术家齐白石画展"，老人亲笔为展览题词。在多次接触中，杨仁恺深深感到齐白石虽然艺术成就很高，但是老先生待人接物非常谦虚。登门请教不用说，如果写信他也一定亲笔作答，从不以大师自居。他们几个人的诚挚使老人深受感动。众所周知，齐白石作画多为立幅和册页，而此次

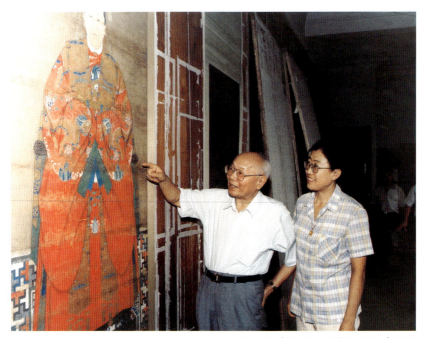

六八　杨仁恺在欣赏已修复完的明清影像

六九　齐白石为辽博绘制的花卉长卷

却是以生平之破例,欣然命笔为辽宁省博物馆绘制了一幅数米的长卷花卉（图六九）。并把他早期的绘画、书法、篆刻等一批鲜为人知的珍贵作品捐给辽博。使辽博成为全国收藏齐白石早、中、晚期绘画作品成龙配套的惟一博物馆。

4.毛泽东诗抄证集二三事

在辽宁省博物馆收藏的珍贵文物中,共有二百余件以毛泽东诗词为内容的名人书画作品。此类杰作数量之多、名家之广、档次之高,在全国各博物馆中堪称首屈一指,令人刮目相看。其中有党和国家领导人的书法手迹。老一辈的无产阶级革命家,在长期的革命斗争中,跟随毛主席南征北战,前赴后继,为党和人民立下了不朽的功勋。他们怀着深厚的革命感情,又挥毫书写了毛主席的雄伟诗篇（图七〇）。这批书法作品中也有各民主党派及无党派的知名人士。有作家、诗人、画家、书法家、艺术家、文学家、史学家、科学家等,这些人有朱德、董必武、叶剑英、刘伯承、郭沫若、陈叔通、张爱萍、李德全、朱学范、车向忱、李达、田汉、徐特立、许涤新、李淑一、许广平、何香凝、廖梦醒、章士钊、王昆仑、许德珩、萨空了、邵力子、茅盾、叶圣陶、臧克家、翦伯赞、唐兰、张震泽、蒋光鼐、周信芳、沈尹默、王曼硕、傅抱石、启功、华罗庚、严济慈等人。

早在1962年,毛泽东诗词已陆续公开发表,在社会各界产生了强烈反响,人们普遍认识到毛泽东不仅是高瞻远瞩的英明领袖,而且是划时代的杰出人物,他的诗词展示出中华民族雄壮豪迈的气概,可谓是气吞山

風雨送春歸飛雪迎春到己
是懸嚴百丈冰猶有花枝俏
俏也不爭春只把春來報待
到山花爛熳時她在叢中笑
遼寧省博物館徵書 毛主席詠梅 潤伯承

恭綠毛主席北戴河詞一首
大雨落幽燕白浪滔天泰皇島外打
魚船一片汪洋都不見知向誰边
往事越千年魏武揮鞭東臨碣石
有遺篇蕭瑟秋風今又是換了人
問 葉劍英 一九六七年五月日

鍾山風雨起蒼黃百萬雄師過大
江虎踞龍盤今勝昔天翻地覆慨
而慷宜將剩勇追窮寇不可沽名
學霸王天若有情天亦老人間正
道是滄桑
錄毛主席詩詞 人民解放軍佔領南京
朱德 一九六七年十月

東方欲曉莫道君行早踏遍青山人
未老風景這邊獨好會昌城外高
峰顛連直接東溟戰士指着南
粵更加鬱鬱葱葱
一九六四年五月錄毛主席詞一首
董必武

七〇 朱德、董必武、叶剑英、刘伯承等领导书
毛主席诗词（四张）

河之作。因而辽宁省博物
馆打破了以往只收古代名
家珍品的惯例，从社会各
界名流中广泛收集以表现
毛泽东诗词为内容的书画
作品，由杨仁恺负责这项
前所未有的征集工作。他
一方面以辽宁省博物馆的
名义向名家发函邀稿，一
方面委托北京荣宝斋代为
征集。因为当时的荣宝斋
主要是经营近现代书画名
家的作品，他们与国内书
画名家广为联系，一些名
家杰作通过荣宝斋转卖给
收藏者之手，因此荣宝斋
在画家心中的信誉是很高
的。杨仁恺经常被荣宝斋
请去鉴定书画，友情甚密，
就这样通过荣宝斋陆续为
辽博征集了许多珍贵作品。

七一 郭沫若书《满江红·和郭
沫若同志》

另外就是亲自出马，征集郭沫若的书法作品，杨仁恺可谓是胸有成竹。他特为此去北京拜访郭沫若，师友重逢无拘无束。当杨仁恺道明来意之后，郭老对此举大加赞赏，认为辽宁省博物馆在全国开创先河，真是想出了绝妙的好主意。于是他欣然命笔："小小寰球，有几个苍蝇碰壁。嗡嗡叫……"这正是那首广为流传的毛主席词《满江红·和郭沫若同志》（图七一）。

1964年杨仁恺协同赵洪山前往北京一处老四合院拜访茅盾时，方知他身染重病，已许久不提笔挥毫了。坐在会客室里陈旧的沙发上，他俩都静静地等候，期待着回音。只见房门开处，体力不支的茅盾由孙女扶着，举步艰难，双手也在虚弱地颤抖。但是当他听说是书写毛主席诗词时，毫不推辞，连连点头答应。并彬彬有礼地解释，现在身体欠佳，日后一定奉送作品。谈吐之间，茅盾对毛主席所流露出的那份真挚情感使杨仁恺至今难以忘怀。后来，辽宁省博物馆便收到散发着墨香的书法作品，它是以全神贯注的笔触书写出毛主席刚刚发表不久的《念奴娇·鸟儿问答》诗词，可谓感人肺腑。

章士钊先生是位鼎鼎有名的教育家和法学家，建国后，他历任全国人大常委会委员、全国政协常委、中央文史研究馆馆长。如此社会名流，理所当然列为征集对象。经杨仁恺探听得知，这位章先生平素极不愿应酬，求他赐墨更是难上加难，更何况当时他已是八十高龄。"也许请他写毛主席诗词他会答应吧。"杨仁恺猜测着，于是经叶公绰先生电话联系，说明意图。果然不出所料，他爽快地满口答应了此事。随后杨仁恺便趋往北京东城区的章宅登门拜访，只见老先生手捧长长的水烟袋来到会客厅接待。他少言寡语，是那种不苟言笑的学者。然而，当杨仁恺唠起章士钊的家乡湖南人杰地灵的话题时，这位耄耋老人顿时滔滔不绝地打开话匣，从古代湖南的书法家欧阳询、怀素等人，说到才华横溢的毛主席。言语之间，他对毛主席博古通今的学识、触类旁通的智慧赞不绝口，流露出无限钦佩之情。他认为虽然湖南历代有人杰，但毛主席是前无古人的全才。感叹之余，他再三表示一定要抽空把毛主席诗词写出来。时隔不久，杨仁恺再度拜访时，老先生已将公开发表的十四首毛主席诗词全部书写在长卷之上，只见那核桃大小的行书字体清秀飘逸、一丝不苟。

5.征集工作为国家　不要分馆界

杨仁恺除了对辽宁省博物馆书画征集工作做出不可磨灭的贡献外，还热心帮助兄弟馆征购书画，或介绍关系、或提供线索。至今沈阳故宫博物院的老同志在谈到60年代收藏的大批明、清书画，尤其"四王"和现代石鲁的珍品时，仍念念不忘杨老的贡献。50年代后期，沈阳市副市长徐志鉴于沈阳故宫博物院原藏文物为民国初年军阀段芝贵一股脑儿运往北京向袁世凯进贡，空留一座清初的宫廷建筑群。他从振兴故宫着想，在市政府经费并不宽裕的情况下，特拨出专款数十万元来征集明、清书画。

当时沈阳故宫博物院负责文物征集工作的袁桂兰是位性格开朗、爽快的年轻女同志，工作起来精明能干。但是对于古代书画鉴定却缺乏经验，眼力不够，当时在沈阳城善于古代书画鉴定的人也是屈指可数。而解放初从敌伪手中接收过来的沈阳故宫与东北博物馆一样，除了宫廷建筑、陈设之外几乎是个空架子。尤其是库藏古代书画更是寥寥无几。征集工作的担子对于一个年轻的女同志来说，确实重压在肩。徐志副市长和杨仁恺是多年的朋友，特委托他帮助征集明、清书画，杨仁恺也就把这件事当作己任。刚开始当袁桂兰遇到拿不准的事，就客气地请教杨先生。经过几次打交道，她觉得这位先生待人随和，丝毫没有专家的酸臭架子。一回生，二回熟。日后凡是有征集的作品就跑来找杨老过眼把关。杨仁恺也愿热心帮助她，因为在他心中想的是沈阳故宫和辽宁省博物馆原本是一家，所藏书画都是国家的财富，不论是谁征集到手，只要能减少古代珍贵书画流散到社会上，或被毁、或被卖往国外的可能，对他来说则是心愿已足。因此经常主动地给袁桂兰提供一些收藏家的线索，每当她到外地去征集时，都为她开几封"介绍信"，以便让她去找当地的老朋友和熟人帮忙。

有时杨仁恺出差也带上袁桂兰，这样可以随时发现作品，随时购买。据知情人回忆，当时上海社会上流散的明、清书画较多，她经常跑去上海，寻得书画就拿杨老的介绍信去请谢稚柳给鉴定、拿主意。"文化大革命"前在杨仁恺的帮助下，袁桂兰为沈阳故宫博物院书画的征集工作立下了汗马功劳。而沈阳故宫博物院明、清书画得以充实，更要归功于徐志同志的英明决策。

1963年3月的一天，一个衣不完采的年轻人肩上背着一个布包袱来到北京荣宝斋门市部求收购。打开包袱一看，竟是一些乱作一团的破纸碎画。开始营业员没当回事，欲打发他走。怎奈年轻人苦苦哀求，后经业务副科长田宜生把纸团理开一部分，看到一片片的旧纸上都有清宫玺印。于是引起他的注意，觉得它们与一般的破损书画不同，但也拿不准究竟价值几何。于是到后院唤醒了出差到北京正在侯恺经理办公室午憩的杨仁恺。当他起身来到营业厅，小心翼翼地将碎片、纸团逐一展开，仔细观察，眼

七二 米芾《苕溪诗》

中顿觉一亮，确定此与《佚目》作品有关，尤其一些题跋更为重要，便示意田科长收下这包烂东西。店方人员按照年轻人索要的二千元价如数支付现金，年轻人欣喜过望。他激动地道出，他曾将此破烂纸团送到沈阳文物商店未被理睬，拒之门外。只好进京，抱着一定要将此包袱甩掉的决心。因为这里面埋藏着无限的哀思，见到这些碎纸片，就会使他想起为保护它而付出性命的父亲和饱受痛苦煎熬的老母亲（详情见杨仁恺《国宝沉浮录》），而如今目的已达到，年轻人满意而归。

杨仁恺仔细地察看这堆破烂纸团，正是清宫《佚目》中的书画。从中竟奇迹般地发现了北宋米芾的《苕溪诗》卷（图七二）、北宋陈洎的《自书诗稿》、李公麟《三马图》上苏轼的题跋、赵孟頫《小楷无逸篇》等宋、元、明、清书画残段及许多名人题跋共计三十七件之多。尤其是米芾《苕溪诗》竟然会安然无恙、死里逢生，他不禁百倍狂喜。立刻想到老友张珩先生一生最钟情于米芾，如果能亲自摩挲，得睹真迹，"又不知狂喜超过我辈若干倍也。"于是当即电话告知。闻此电话，张珩恨不得马上驱车荣宝斋，然天色已晚。翌日上午，张珩与故宫博物院院长吴仲超来到荣宝斋后院会客厅，大家屏住呼吸，专心展阅诗卷，它的吸引力把大家引入另外一个世界，这正是米芾书法的艺术魅力所在。

事情说也凑巧，次年，又是那位年轻人，还是背着那个布包袱，又带来一些书画残卷碎片。经请杨仁恺到北京鉴定，从中识别出北宋范仲淹《师鲁二札》的所缺部分、北宋早年画家燕文贵《溪风图》中的宋元人题

跋、北宋乔仲常《赤壁赋图》上的宋元人题跋等唐、宋、元、明、清各时
代书画二十余件之多。这对于早已征集到的《佚目》书画残卷合璧成幅意
义尤为重大。杨仁恺对于这位青年保护文物的行为非常感动，至今谈及仍
兴致不减。后来杨仁恺与侯恺经理商量，着眼大局，将前后两批珍贵书画
无价转让北京故宫博物院，堪称一段佳谈。这真是：

> 千年"姻缘"青年串，
>
> 《佚目》残片得复还。
>
> 慧眼识得国宝价，
>
> 神奇佳话后人传。

6.国宝不能再流失国外了

1991年4月下旬，杨仁恺应邀赴香港中文大学讲学。在和香港朋友叙
旧的过程中，谈到了现仍藏在广州一收藏家手中的北宋郭熙《山水图》。听
朋友说，主人想以135—200万美元出让，已有中间人将此卷介绍给一印
尼华商。杨仁恺听到此事万分焦急，因为这幅画卷对他来说太熟悉了。那
是三十年前的一段往事……

郭熙是北宋著名画家，传世至今的作品寥寥几件，大抵属于晚年之
作。而《佚目》著录的只有两件，《长江万里图》、《山水图》。其中《山水
图》的发现应又是一个奇迹的出现，话要说到当年朱光先生的机遇好。朱
光原是30年代初上海美专的学生，对中国古代书画情有独钟。1949年前
后，他在长春市总工会担任主席工作，当时伪皇宫流散出来的书画尚未全
部流向国外。在一个偶然的场合，他发现一位干部的办公桌玻璃板下压了
一幅山水画。就近细看，他颇感兴趣。便和那位同志商议，以自己身上佩
带的"派克"钢笔与之交换。在当时进口的名牌"派克"笔可是响当当的
硬货。得到应允后，朱光将这张山水画和那位同事从中裁剪下的首尾两部
分，包括题跋带回复原细看。朱光是学美术出身，自然认出是郭熙的画作，
深知它的价值，但毕竟不能肯定此件是否真迹，于是他将残画拿到上海请

七三 郭熙《山水图》

谢稚柳先生帮助在上海装裱。此后朱光回到北京定居,曾请杨仁恺到他北京的寓所为之鉴定。当展开画卷仔细观看后,他觉得画风与郭氏《早春图》《幽谷图》诸作毫无共同之点,但时代风格必为早期北宋巨然、范华原一路,疑问殊难解答。好在拖尾有金人任询题跋,跋文中特地指出此图为郭氏早年之作。而任询距郭熙年代未远,且是一代享有重名的文学家、鉴定家。杨仁恺由此推断应是郭熙早年之作(图七三)。他认为虽无确凿的根据,但也无法否定。再说郭熙传世之作大都是中晚年已自成风格的作品。而每个名家的发展都有各自的历程,与其无根据的存疑或否认,倒不如承认是郭熙早年山水惟一的孤本。因此,此作流传至今对研究郭熙这位艺坛巨匠来说其重要意义可想而知。

　　于三十年后竟得知此件精品仍在世间流传,怎能不使杨仁恺激动万分。但当时画主人高昂的索价,国内一般博物馆都可望不可及。可是万一这件珍品落入外国博物馆或私家名下,将会是国人最大的遗憾。杨仁恺为之焦虑,当时在座的香港爱国人士也都忧心忡忡。在港停留的几天中,他们多次聚在一起商谈此事。有人建议能否动员热爱文物的港商出资购赠中文大学文物馆,通过此种曲折途径待九七香港回归后,则楚弓楚得未始不失为良策;又有人提议将此事上报给国家。因为三十年前就有过几件国宝级书画如晋王献之《中秋帖》、王珣《伯远帖》、唐韩滉《五牛图》等散佚在外。当时通过中间人,我国文物界老前辈徐森玉先生的儿子徐伯郊从中周旋。在周总理的亲切关怀下,由国家调用大批外汇而购买回来的。大家共同的一个心愿,就是国宝不能再流失国外了。

此时杨仁恺心中又产生了一个想法,动手给中央领导写信汇报此事始末。他向来都是一个说话办事雷厉风行的人,在和朋友议论后的第二天早上,他早早起床亲笔草拟由国家收购郭熙《山水图》致李鹏和李瑞环二位中央领导的函稿。原文如下:

李鹏总理并

李瑞环同志:

倾应中文大学之邀,我于今年四月来香港讲学,偶尔发现前广州市长朱光同志生前收藏之北宋大画家郭熙山水卷,以及拖尾金人任询(字君谟、号龙)题跋照片。此卷于文化大革命前在朱光同志北京寓所与谢稚柳、徐邦达、侯恺诸同志多次展观,咸以为传世数件郭氏名迹中仅有之早年真迹。对研究中国古代绘画艺术史,具有极为重要之科学价值。惟文革中朱

七四 杨仁恺写给李鹏的信(复印底稿)

光同志在安徽副省长任内受摧残致死,郭氏画卷亦随之下落不明。曾多次向有关方面探问,均无结果。原以为国宝从此泯灭,竟为之慨叹不已。殊知于无意中获见原作照片,并闻有人在香港求售原件,喜出望外。为使祖国文物精华发扬光大,拟请参照五十年代周总理批示从香港收购五代董源潇湘图卷诸国宝之先例,由国家拨款购藏。勿使外流,则国家文化事业幸甚! 敬颂

政祺

杨仁恺拜上

1991 年 5 月 3 日

辽宁省博物馆名誉馆长、中国古代书画鉴定组成员、辽宁大学教授、硕士研究生导师、中国博物馆学会名誉理事 (图七四)

信写好以后,虽然他也曾犹豫过,中央领导每天日理万机,能否见到他一个普通干部的平常信函,但是他又为国宝而担忧,最后还是下决心将信发出去了。没想到1991 年 6 月 17 日,杨仁恺竟收到了国家文物局的复函。信文如下:

杨先生勋鉴:

我是国家文物局办公室主任郭旃,张德勤局长收到了您为朱光同志藏画事写给他的信。由于他很快就出国了,未及复信给您,嘱我务必代他奉函于先生。

先生爱文物、爱国家之心感人至深。原已有铁映同志转批先生大函于我局,流散文物处的同志正在抓紧查办。俟有结果,当及时禀告先生。谨此先向先生致谢,并暂释远念。

专此 颂

安

郭旃上 (图七五)

中 华 人 民 共 和 国
国 家 文 物 局
The State Bureau of Cultural Relics
The People's Republic of China

杨先生 勋鉴:

我是国家文物局办公室主任郭旃,张德勤局长收到了您为朱光同志藏画事写给他的信。由于他很快就出国了,未及复信给您,嘱我务必代他奉函于先生。

先生爱文物、爱国家之心感人至深。原已有铁映同志转批先生大函于我局,流散文物处的同志正在抓紧查办。俟有结果,当及时禀告先生。谨此先向先生致谢,并暂释远念。

专此 颂
安 郭旃上 91·6·17

中国北京西安大街二十九号
29, West Street,
100006 Beijing, P.R.C.
电话 Tel   4015817-210
电传 Telex 210527CRBC
传真 Fax   403101

七五 文物局复函

看到了回信，杨仁恺的心中得到了宽慰，因为他相信国家的文物政策和日益强大的祖国再也不会允许一件国宝流失国外了。

（二）热情洋溢办展忙

举办陈列展览是博物馆的主要活动形式，也是博物馆对群众进行宣传教育的重要阵地。所以陈列是博物馆工作的中心环节，是衡量博物馆工作质量的重要标志。如果只有藏品，没有向群众开放的陈列展览也不能称为博物馆，因为他不能向群众开展博物馆的宣传教育活动。

1.辛勤浇灌展览之花

为了把博物馆办成向广大群众进行历史唯物主义和爱国主义教育的阵地，成为观众了解中华民族和祖国文化遗产的窗口，满足群众的参观、欣赏、审美的需要，馆长张拙之紧紧地依靠馆内李文信、朱子方、杨仁恺、胡文效、阎万章等诸位专家，并调动全馆人员积极筹备。于1949年7月7日东北博物馆正式对外开放，这是新中国成立之前第一座面向广大人民群众的博物馆。首先展出了《历史文物分类陈列》，到60年代初改为《历史艺术陈列》，不论形势如何变换，都是以辽宁出土文物和馆藏艺术品为重点的实物陈列。从实际出发，侧重地方历史、突出地方特点、反映辽宁各民族共同创造历史的光辉篇章。使广大观众由此了解辽宁、认识辽宁，启发出他们建设美好家园的热情和信心。在举办基本陈列的同时，还配合形式举办了许多特展。如："伟大祖国古代艺术展"、（图七六）、"任伯年画展"、"人民艺术家齐白石画展"、"伟大祖国造型艺术

七六　伟大祖国古代艺术展

展"等。其中要以"中国古代十大画家作品展"所产生的影响最大，这还要从杨仁恺和邓拓的关系说起。

邓拓同志出身于福州知识分子家庭，从小对民族书画具有一定的兴趣，30年代已成为著名的历史学家。后来参军转战晋察冀地区，背着报刊器材宣传抗日救国打游击，1948年末进入北京担任《人民日报》社社长兼总编辑。于1956年以后，工作之余立志写一本中国绘画史书籍，便着手收集古书画。由此和杨仁恺爱好相投，凡是杨仁恺出差到北京总要前去拜访邓拓，经常晚间聚在一块，各自发表自己的看法，探讨问题。

于50年代初，杨仁恺曾向邓拓流露出如果能把中国古代一些著名画家流传下来的作品集中在一起搞个展览，就可以使人们直观地了解我国古典绘画艺术的发展历程，进而弘扬我国绘画艺术的优良传统。这个想法立即得到邓拓的赞同，他找到了北京故宫博物院的吴仲超院长申明来意，吴院长也满口叫好。而后，杨仁恺又陪同张拙之馆长特赴北京拜见邓拓，请他为展览题词《中国古代十大画家展览》，邓拓同时又为之作《画堂春》：

> 画坛历代聚群英，
>
> 写来水绿山青。
>
> 古人千载尚如生，
>
> 花鸟含情。
>
> 十大名家手迹，
>
> 而今重见光明。
>
> 喜闻艺苑正争鸣，
>
> 浩荡前程。

邓拓的诗好，字也好，更增加了这个展览的气氛。

1961年6月18日辽博和北京故宫两家在北京故宫博物院绘画馆联合举办了"中国古代十大画家作品展"，展出了故宫和辽博所珍藏的东晋顾恺之，北宋李思训、王诜、米芾、米友仁父子、李公麟，元代倪瓒，明代

七七　周总理为雷锋题词

王绂、徐渭，清代朱耷等六个主要朝代前后相距一千余年的十位著名画家的杰出作品。这些展品中，每个人都各具风格，时代的特点又非常显著，不愧是一部"中国古典绘画艺术史"的缩本。这个展览先在北京故宫博物院展出，影响很大。随后移到沈阳市的辽宁省博物馆面向东北广大观众，更是轰动一方，为人们欣赏古代艺术珍品提供一次难得的良机。这次展览竟收到意想不到的效果，使杨仁恺深受鼓舞。从此后，他更积极地倾注精力和全馆同志一道接二连三地筹办了各种内容不同的画展。如"毛主席诗词画展"、"革命烈士诗抄展"、"学习雷锋书法展"（图七七），举办这些书画展，经过多方面的奔波努力，征集到党和国家领导人、社会各界名流、文化艺术界的大批作品。既起到宣传作用，又丰富了馆藏。

辽宁省博物馆过去有个好的传统，凡是大型的业务活动，都是由馆长亲自组织动员、大家动手、各自负责、团结合作，特别是在书画展中，杨仁恺既是展览的支持者、提倡者，也是积极参与组织实施者。从制定陈列大纲到外出征集作品，他都作出了卓有成效的贡献（图七八～八二）。

从90年代以后，杨仁恺还将江兆申、吴在炎、潘受、王己迁、王方宇、谢稚柳和陈佩秋夫妇、张仃等现代书画大家的作品引到辽博展出，不但丰富了辽博临时展览的内容，更重要的是他深知东北地区的文化艺术和中国的南方、东南亚相比还是比较闭塞的。他为了通畅交流的渠道，费尽心机，利用自己与这些著名人士的多年交谊，请他们来辽博举办展览。使东北美术界人士坐在家中就能了解全国，了解海内外中国民族书法绘画艺术发展的动态和现状，有机会见识当代大家的作品，从中汲取营养。下面就是半个世纪以来杨仁恺为辽博所经手筹办的展览目录：

1953年1月1日：　伟大祖国古代艺术展

1954年4—6月：人民画家齐
　　　　白石画展

1960年3月：伟大祖国造型艺
　　　　术展

1961年春：参加《辽宁省博物
　　　　馆历史艺术陈列
　　　　大纲》编写工作。

1961年6月：中国古代十大画
　　　　家作品展（与北
　　　　京故宫博物院联
　　　　合举办）

1962年5月1日：历代篆刻、
　　　　碑帖展

1962年夏：石涛、华嵒和扬州
　　　　八家书画展（与北
　　　　京故宫博物院联
　　　　合举办）

1963年1月25日：中国历史
　　　　艺术展

七八　　1991年9月15日，王己千、王方
宇教授书画联展

1963年5—6月：铁岭高其佩
　　　　指头画展

1982年12月：纪念意大利科学家利玛窦来华四百年文物展（与南京
　　　　博物院联合举办）

1985年1月10日：中国明清绘画展

1991年3月21日：吴门画派展

1992年初：　吴在炎指画展

1992年5月16日：日本二玄社复制台北故宫博物院藏书画精品展

七九　杨仁恺与王方宇教授

八〇　杨仁恺与王己千先生

八一　1992 年 9 月 5 日，"吴在炎指画展"开幕式

八二　1995 年 9 月 22 日，"江兆申书画作品展"开幕式

1994年3月10日：张大千、溥心畬画展（与吉林省博物馆联合举办）

1994年2—3月：齐白石画展（与深圳博物馆联合举办）

1994年3月：日本画展（在北京炎黄艺术馆举办）

1994年9月：清代扬州画派作品展（与扬州博物馆联合举办）

1995年8月25日：江兆申山水画展

1995年11月7日：现代画家罗东平绘"圆明园"历史组画展

1995年12月至1996年3月：中国古今书画真伪对照展（经过两年的
筹备）

1997年6月23日：馆藏近现代百名画家作品展

1997年10月7日：馆藏明清影像展

1997年11月27日：辽宁省博物馆藏书画珍品暨古今作品真伪展（在
上海博物馆展出）

1998年2月14日：现代美术三大家——齐白石、黄宾虹、徐悲鸿作
品展（在广东美术馆展出）

1998年2月27日：古今书画真伪作品展（在深圳何香凝美术馆展出）

八三 1995年6月在香港举办的"锦绣罗衣巧天工展"开幕式上杨仁恺致辞

2002年12月1日至

2003年1月6日：晋唐宋元书画国宝展（由上海博物馆、北京故宫博物院、辽宁省博物馆三家联合举办）

2004年春节：航天展（纪念中国载人航天"神舟"五号飞船胜利返航）

辽宁省博物馆的展览几十年来丰富多彩，犹如百花园中盛开的鲜花，而杨仁恺就像一个园丁，默默无闻地用辛勤的汗水和满腔热忱浇灌着这一簇簇永不凋谢的花朵。

至于联系出国展览，更是杨仁恺的强项。他认为中国书画在国内、东南亚有一定影响，但是到了欧洲、美洲就不行了。这是因为东西方文化之差异。而中国长时间封闭，外国人无法了解，尤其是中国的书画艺术内涵丰富。但是只要认识它、理解它，就会产生兴趣，就会欣赏它，中国的书画艺术一定会打入世界。

八四　2004年春节，杨仁恺和辽宁省博物馆馆长纪兵、航天英雄杨利伟合影，杨老亲自为英雄挥毫

几十年来他出访过亚洲的日本、韩国、新加坡、马来西亚，欧洲的荷兰、英国、比利时、法国、瑞士、德国，美洲的美国等国家和香港、澳门、台湾等地区（图八三）。每到

八五　1996年6月21日，杨仁恺应邀访问比利时首都布鲁塞尔时在男爵尤里什家中看画。左起：史蒙年（布市历史艺术馆东方部主任）、单国强、杨新、杨仁恺

一处，除了完成出访任务外，他都会抓紧一切机会拜访新老朋友。向他们宣传辽宁省博物馆，宣传中国的书画艺术。大谈辽博各种有特色的展览，以求相互间的交流合作。党的十一届三中全会以后，国内外文化交流活动逐渐频繁。在杨仁恺的努力下，辽博也单独筹办了几次出国展览。有赴日本横滨、富山的"明清书法展"；有赴联邦德国科隆、汉堡·巴登——巴登的"明清绘画展"；有赴荷兰、美国的"高其佩指画展"；有赴新加坡的"中国古代书画真伪对照展"等，还有一些古器物如青铜器、陶瓷展。这些展览在国外展出时，盛况空前，通过展览也加深了和各国人民之间的友谊。

日本人民对中国书法有着深厚的感情，一些知名的书法家一致公认中国是书道的祖国和故乡，它把中日两国人民联结起来，友谊更加深厚。德国远在欧洲大陆，对中国传统的绘画还是相当陌生，但一经接触就被吸引住了，他们对展品百看不厌。在美国洛杉矶、纽约巡回展出的"高其佩指画展"更是轰动一时，备受欢迎。杨仁恺经手筹办的出国展览自1983年以来就有以下几次：

1983年10月：在日本举办"中国辽宁书道展"；

1985年：在联邦德国举办"中国明清绘画展"；

1992年12月：在荷兰举办"高其佩指画展"；

1993年4月：在美国举办"高其佩指画艺术展"；

2000年2月：在新加坡举办"中国古今书画真伪作品展"；

2000年10月：在韩国举办"名清皇朝美术大展"。

1995年6月22日：在香港举办"锦绣罗衣巧天工展"（辽宁省博物馆
馆藏刻丝刺绣精品参展）。

此外，杨仁恺在对外交流方面确实有着一般人所不具备的天赋，凡是和他接触过的人，不论是中国人还是外国人，也不论是年长者还是青年人，都愿意和他交朋友，这可能就是他的人格魅力所在吧。同行们都尊敬地称他是一位社会活动家，而他自己却认真地说："要想做成一件事，就必须见缝插针，莫让机会擦肩而过。"为了使辽博走向世界，让世界各地人民更多地了解辽宁省博物馆。杨仁恺几十年来就是这样默默地奉献着、耕耘着。

2. 倾心弘扬指画艺术

提起铁岭画家高其佩，人们都知道他是清初一位卓有成就的指头画开派大家，是辽沈地区的一位历史名人（图八六）。指头画亦称指墨画。指墨之道不同毛笔，有它的局限性，又不易有泼墨、渲染的效果，只能利用手掌、手背正反助之。指画以指点苔有其特殊效果，笔总不及指头之圆。由于指头不藏墨，线条的长度有限，于是画家们让指甲的小窝藏一点墨。指画是既利用指头，也利用指甲作侧锋之用。如高其佩的指画《雄鸡水仙图》（图八七）是用指甲的中锋写雄鸡之爪。鸡尾翎、水仙花均用指甲之侧锋。山石用手掌、手背，正反皆可渲染。

八六　高其佩画像

杨仁恺于50年代初开始接触指头画，是因为他到东北博物馆工作后，经常与邓拓、李初梨诸同志交往。他们都喜爱收藏，经常用自己的稿费和微薄的生活补贴购买一些古代书画，其中就有高其佩的作品。当时博物馆也有一些，但却不及他们丰富。这对于在博物馆搞书画的杨仁恺来说总觉得是件憾事。于是他足踏各地，历尽千辛万苦，征集到散失在民间的高其佩指画作品百余件。并在他的策划下将当时兄弟馆和一些私人手中所藏的作品借来，和辽博藏品会聚一堂，于1963年5月成功地举办了"铁岭高其佩指头画展"。《光明日报》5月26日刊发了介绍文章。展览中指墨画的艺术魅力惊动了成千上万的观众，同时也吸引了画家原籍铁岭的乡亲，他们也主动将家藏捐献给博物馆。

在高其佩指画展出期间，当时负责美术出版工作的施展同志认为机会难逢，建议请各方藏家共同编印图册，以传久远。随后得到一致赞同，付

八七　高其佩《雄鸡水仙图》

诸行动。殊知当出版工作进行到打样阶段，文化大革命暴风雨从天而降，各领域都受到了冲击和破坏。已在印刷厂制好的全部图版被认为是封资修的东西也在劫难逃。后来杨仁恺手中幸存了一部分校样，施展同志也因此而遭不白之冤……

1989年辽宁省博物馆建馆四十周年，计划开展一系列庆祝活动。杨仁恺又想到出版高其佩画册的事，他找到上海书画出版社。由于多年的交往所形成的友好关系，他们愿为辽博重新编印出版。在馆员赵洪山等人的具体操作下，《高其佩画册》终于在馆庆之际问世了。

1992年在荷兰首都阿姆斯特丹举办"世界作品展"时，杨仁恺率辽宁省博物馆代表团，带着我国清代画家高其佩专题画展飞赴荷兰，这是中国专题画家作品第一次在欧洲展出。这对于不十分了解东方文化的荷兰观众来说真是奇观。当地还采用高其佩指画《钟馗图》作展览会标。在荷兰展览期间，荷兰国家博物馆又出版了《高其佩——中国指画艺术》大型画册（图八八）。

1993年3月间高其佩专题画展从欧洲转到美国，又参加了由华美协进社主办的"纽约美术展"。由此中国三百年前的大画家高其佩及他的指头画艺术漂洋过海，受到了欧美大陆百万观众的敬仰和赞美。

除了征集作品、举办展览之外，杨仁恺又为高其佩著书立说，进行专题研究。在为《高其佩画册》撰写的后序中写道："如果仅仅从文献上去了解指头画家高其佩其人及他的艺术成就，当令人为之怅然失望，尽管有《清史稿·艺文志》的简短记载、画家裔孙高秉《指头画说》的简述，其中参入某些神秘色彩。经过分析，尚可凭此对高氏作品多少有所认识。但对原作较深之理解，尚有相当一段距离。从留心原作入手，直接触及每件原作所体

八九　高其佩《钟馗图》

八八　高其佩画展在荷兰报道

现作者的艺术构思和技巧，以及在造型上所具备之若干特色，使我为之逐渐倾心。"于是他从各方面引证文献和流传至今的原作加以对比，从画家身世、创作思想、创作道路，指头画的造型基础、赋色和渲染诸多方面评述其艺术价值。他认为："过去

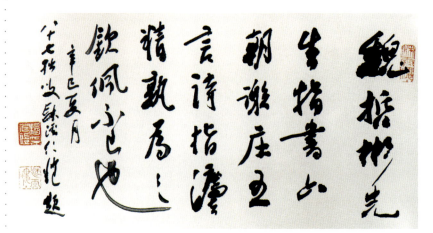

九〇　杨仁恺为河南濮阳魏哲彬的指书题词

在画史上不恰当地降低它的地位,反而把'扬州八怪'宣扬得很高,似有本末倒置之嫌。固然扬州八家在历史上起过进步的作用,绘画史给予应有之地位是恰当的,问题是画史对高其佩指头画艺术成就的功绩,所作评价有欠公允。为此我曾撰《高其佩》一书,并有零篇论述,用抒一孔之见。非为有所偏爱,实乃有所谓而发。"

在杨仁恺看来,指头画是一门科学,要通过历代从事这方面工作的人们,不断深入钻研,终归会寻找出一条规律,使其成为比较完善的科学。这就是今后从事研究指头画艺术所要做的事情。必须首先在高其佩的问题上有所突破,进而旁及有关的各个方面,步步地深入。

五十多年过去了,杨仁恺为弘扬民族文化、发展指墨艺术,倾注了他半生的精力和心血(图九〇)。在他的积极倡导下,1983年中国指画研究会成立了。自1988年开始,该会以每年举办一次全国性指画展,向全社会推出卓有成效的指画作品,相继得到中央领导及各界人士的支持。中国指画艺术也影响了东南亚各国。新加坡现代著名的指画艺术家吴在炎先生于1978年创办了"三·一"指画会,为延续指画这门特有艺术作出了贡献。如今他的指画会已发展有六七十名会员,每两年举办一次画展。

吴在炎出生于中国福建省南安县,童年时期由于遭遇匪乱,辗转于厦门、印尼爪哇、新加坡，至十岁时才返回厦门接受小学教育。他在十六岁时赴爪哇泗水与父母团聚，并在当地读中学。中学毕业后他在母校和同善小学任教，之后和友人创办华侨小学。二十一岁那年，他负笈上海新华艺术大学，向诸文韵、潘天寿、王一亭、林子白、朱屺瞻等学习水墨画和指画，其中影响他最深的是潘天寿先生。1938年他到新加坡定居，是南洋美专最早的水墨画老师之一。他多次到海外各地举办展出和作示范，赢得多次海内外奖项，而后他则以指头画声望大振。

用手指做画的绘画技巧始于唐朝画家张璪，真正把这门特有艺术发扬光大的却是清初的高其佩和近代的潘天寿。但一般指画家多数是混合使用指画和笔画，而像吴在炎先生从绘画到落款都坚持使用手指的画家少之又少，因此，中国画大师张大千赞他是"起三百年之衰"。

对于吴在炎，杨仁恺给予很高的评价，他说："吴在炎在欧、美、东亚都曾办过画展，又创办'三一'指画会，影响力涵盖世界各地，惟一能够与他并驾齐驱的只有中国名画家潘天寿。"杨仁恺认为："吴在炎最大特色在于它完全用手指作画，而且功力深厚，画大幅作品时特别有气魄。将

九一　"吴在炎指画展"于2000年9月22日开幕，何家良出席

指画开辟成派的高其佩是辽宁人，辽宁可说是指画故乡，如果能在辽宁省博物馆举办吴在炎画展，将会是一件很有意义的举措。"有了美好愿望，他便将此付诸实际行动之中。

　　杨仁恺自1992年首次应邀访问新加坡起，至2003年先后七次前往参加各种学术活动。每次都要亲自登门拜访吴在炎夫妇，促膝谈论指画艺术，日久成了心照神交的朋友。就在1992年他出访归国后不久，便促成了"吴在炎指画展"在辽宁省博物馆的举办。1997年双十节是吴在炎夫妇金婚纪念日，杨仁恺亲自为他们夫妇举办的指画艺术展义卖活动撰文、题字志喜（图九一）。2001年9月15日，吴在炎先生九十寿诞，杨仁恺与夫人刘文秀二位耄耋老人又不顾万里之遥，飞赴狮城出席吴在炎的指画艺术展和九十寿诞的庆贺活动（图九二）。杨仁恺的一片至诚深深地打动了吴老夫人，她表示愿将吴老的作品捐赠给辽宁省博物馆收藏。当天活动结束后，晚八点半回到吴在炎家中时，吴夫人又谈到捐画事。她一再说："不要钱，你们明年来挑选作品吧。"二位老人果然一诺千金。于2001年8月初，杨

九二　新加坡"吴在炎九十寿诞画展"由吴老学生致开幕词

九三 1992年，吴在炎夫妇来辽宁省博物馆访问

仁恺和马宝杰副馆长一行三人再度飞赴新加坡。到吴在炎家中挑选了一百七十五件指画艺术佳作，办理了捐赠手续，将作品一并带回。准备在辽宁省博物馆新馆开馆时辟专室展出。这真是中国古代有"三顾茅庐"请诸葛的故事，今有"六顾狮城"访友人，感动"三一"指画翁的佳话（图九三）。

3.画展、图鉴教你辨真伪

我国的书法和绘画作品，自魏晋以来一直被历代宫廷和民间所珍藏，并视为人类精神文明的宝贵财富。可是在流传的过程中，却出现作品的真赝问题，成为历代收藏者难以逾越的障碍。尤其是明代以来书画作伪之风日盛，一些古玩书画商挖空心思，千方百计地伪造名家书画以牟取暴利。以致散见于民间的书画赝品各色各样、五花八门。这些伪作或复制、或改款、或真画假跋、或假画真跋、或移真题于赝品之后、或改头换面、或张冠李戴、或鱼目混珠，作伪者千方百计企图蒙混过鉴藏家之目。因此，历来精于鉴赏者也难免出现差误。此类事例所在多有，如作伪最著名的是宋代张择端的《清明上河图》，有各时代名人临仿、有苏州片子，各种版本

九四 "中国古今书画真伪图展"在上海博物馆展览开幕式及观众踊跃参观的场面

不下十余种。就连近代著名画家张大千也是从早年就喜欢临摹古画,眼见手追,有时一画三四张,徐悲鸿曾盛赞张大千的书画成就是"五百年来第一人"。张大千本人却形容自己的鉴赏是"五百年来第一人",其实他伪造古今书画的功夫也可称为"五百年来第一人"。

如今,随着全球经济的蓬勃发展,各国人民的文化素养日益提高。收藏中国字画的痴迷爱好者越来越多。而书画造假问题更是到了泛滥成灾的严重地步,如何辨认真伪自然就成了他们急功近利之渴求。为了适应现实文化生活不断高涨的需要,北京故宫博物院配合国家文物局举办的全国高级书画鉴定研习班,联合上海博物馆、辽宁省博物馆举办了"历代书画赝品展",这是一个别开生面的展览,受到各界人士的瞩目。展览一再延期,然而国内外观众意犹未尽。在参加筹备这个展览期间,杨仁恺心中产生一个新的想法。他认为其他古物鉴定可以利用现代科技,中国字画就只有通过真假对比这一招了。辽宁省博物馆多年来收藏了许多难得一见的历代名家书画真迹,另外也收集了一些几可乱真的赝品,这些都是第一手的难得资料,为什么不能专门筹办一个这样的展览,出版一部这方面的图书,使广大中国书画收藏者和爱好者从中受到启迪,增长分辨字画真伪的眼力,以免使他们上当受骗。

　　1995 年 2 月间杨仁恺出访新加坡结识了《新明日报》总编杜南发先生,当谈到有关字画的鉴定问题时,杜先生倡议可否出版一本中国真假字画对照集。回国后,他立即将此计划落实。一边深入书画库房把各种真假作品的特点、手法、风格等分类规划,准备著书立说。一边着手筹备具体的展览。为了使展品更丰富、更具代表性,他又向北京故宫博物院、上海

九五 "中国古今书画真赝作品展"在深圳何香凝美术馆展出开幕式

博物馆等兄弟馆和省内文物商店借一些作品,对古代真赝之作,用对比陈列之方法,进行于比较研究,又侧重于近现代名作的辨伪,这些内容都是当今许多收藏家急欲获致的知识。在陈列展览和图录中将它作为重点予以介绍,可以使观者凭借展出的各类书画作品作为可供考证的第一手资料。又有图录中的理论和辨识方法介绍,亲眼端详其各方面的特点,进行仔细认真地对照、琢磨,从而辨清其真伪和是非,为大家创造直观明察的客观条件,不至于大海捞针,无从入手。

在整个筹备工作中,杨仁恺带领书画组的年轻人边工作、边探讨。他不辞辛劳,循循善诱,使得他们从中获益而逐渐成为辽宁省博物馆书画研究的中坚。

1996年1月由辽宁画报出版社出版了由杨仁恺主编的《中国古今书画真伪图鉴》(其后再版时更名为《中国古今书画真伪图典》)。该书一经问世,就受到社会广大读者的青睐。这本大型图鉴内容丰富,书内收入了二百多件古今真伪书画的珍贵资料。并把真迹和赝品有系统地整理和编排,以摹本、临本、仿本、造本、假画真跋、改款、移款、后添款、苏州片、造假地区、张大千仿制古书画作品、近现代书画作伪品等十六部分内容,详尽地一一介绍,让读者从中对照和领悟。而"中国古今书画真伪图展"以其丰富的内容和具有代表性的作品,相继在国内的北京、上海(图九四)、广东、深圳等地巡回展出(图九五),以简明直观的方式传播普及中国古

九六 1996年2月4—6日三天新加坡《新明日报》的有关报道

今书画鉴定知识，使中国书画鉴定这门学科走下神坛，融入了人民大众之中，引起了社会极大的反响。然而杨仁恺并不以此为满足，他还要将这个展览推向国外，让更多的中国书画爱好者从中受益。

1996 年 2 月初他在应邀赴新加坡学术访问期间，特意带去了配合展览所出版的《中国古今书画真伪图鉴》，通过新闻媒介向当地各界人士宣传这个展览（图九六）。在他出访的日记中，记载了这位八十一岁老人为辽宁省博物馆的展览所付出的辛苦，感人至深（图九七）。

"1996 年 2 月 1 日（白天忙碌一天后）晚 9 时半，《新明日报》杜南发率记者来访，谈赝品展和图册事，为客观需要而出此。蔡斯民夫妇来商定明日上午 9 时半看望潘受、吴在炎诸先生，12 时入睡。"

九七　杨仁恺的日记

"1996 年 2 月 4 日台北张流画廊黄承志先生昨晚午夜过由台飞新，今午由林秀香陪同来旅馆，相见甚欢，并致张流画刊合订本 2—4 集。谈及去台北事，他表示私人可以相邀。书画赝品展同意在台北承办，将继续联系，可承办图录推销工作。"

"1996 年 2 月 6 日，早饭后与林秀香驱车访美术馆和亚洲文明馆两位郭馆长，并参观部分美术馆陈列。谈及赝品展事，都感兴趣，惟时间需放在96年底，在新馆展出。蔡斯民来电话，告知香港艺术馆朱锦鸾到达，约7时同去东海岸吃海鲜。与朱谈及赝品展事，据告该馆已排到98年，看来有问题，只好与中文大学或冯平山纪念馆联系。"

"1996年2月9日上午10时，亚洲文明馆馆长郭勤逊博士和李小姐同来，谈赝品展事，他们感兴趣，就是时间年内很紧，同意互相联系，寄材料研究。经费、条件可以草意向书进行，而林秀香认为，在新加坡首次展为好。因此陪我们一同到艺术部常任秘书陈先生（准将）说明意图，争取支持。黄处长在座，有小姐记录。我对美术馆、博物馆艺术品、文物收藏发表了一些看法，供他们参考。中午由林秀香陪同去见原文化部长驻日本、印尼、非洲大使李炯才先生，本人还是一位画家和收藏家。与中国不少大画家是朋友，求得他从中相助。"

杨仁恺在新加坡仅短短的十余天，就多次谈及赝品展的事情。功夫不负有心人，终于在2000年2月，辽宁省博物馆的"中国古今书画真伪作品展"经过在国内巡展后又带着成功的笑容跨出国门，到新加坡国家美术馆进行为期三个月的公开展出，赢得了东南亚各国家书画爱好者和收藏者的一致赞誉。

4.千年等一回的国宝大展

20世纪是中华民族从灾难走向新生，又逐渐繁荣昌盛的历史阶段。中国的悠久历史文化遗产从这个世纪初，也同中华民族一样历尽战乱颠沛，散佚毁损，不可入目。当新中国即将诞生之际，党和人民政府十分重视文物工作。在党的领导下，一些与新中国命运交融在一起的老一辈文物工作者，以极大的热情，开始了功勋昭著的国宝追寻任务。

在北京，王世襄为追寻国宝从1945年开始，在国内南征北战，甚至远涉重洋赴日本。整整奔波忙碌了约四百五十个激动人心的日日夜夜，大批文物的失而复得使北京故宫博物院又增添了许多精品。

人们不会忘记，1950年陈毅任上海市市长时组织建立的上海市文物管理委员会的功绩，那是共和国成立后的第一个专门管理文物机构。当时负责鉴定收购工作的是谢稚柳，他的鉴定水准在书画鉴定界居引人瞩目的重要位置。经他手为上海博物馆增添了许多一级，甚至是国宝级的古典作品。

一部举世闻名的《国宝沉浮录》记载了杨仁恺50年代初在东北从接受鉴定溥仪携逃被缴获的清宫散佚的珍贵书画和典籍，直到被派往长春两个多月日以继夜追缴散佚的"东北货"，终于将流散在京、津、沪、沈和长春等地的百余件宋、元名作回归国有，为筹备北京故宫博物院绘画馆奠定了丰厚的基础。

他们不负众望，历尽曲折和艰辛，百折不挠。他们的工作成果蕴涵了怎样的历史与文化价值，不可胜言。然而他们却不骄不躁，默默地又扎进了新中国博物馆建设的繁忙工作之中。

一个世纪承载着中华民族的辛酸苦难和灿烂辉煌走过去了，在新的世纪之初，仍然健在的老文物专家杨仁恺心中又泛起了波澜，他思虑着：在中国几代人中流传不息的王羲之书《兰亭序》，顾恺之画《洛神赋》，张旭、怀素的书法，北宋皇帝的书法绘事，张择端的《清明上河图》，一件件道不完、说不尽的中国绘画史趣闻，究竟是真是假呢？中国的国宝到底是个什么样子，在老百姓的心中始终是个谜。于是他的心中又形成了一个全新的主意，他又开始做起了穿针引线的工作。

经过北京故宫博物院、上海博物馆、辽宁省博物馆的协商，在国家文物局的积极协助下，于2002年12月1日"晋唐宋元书画国宝展"在上海博物馆拉开了帷幕（图九八）。这次国宝大展展出历代珍贵书画七十二件，盛况空前。据上海

九八 上海博物馆"晋唐宋元书画国宝展"开幕式的报道

博物馆办公室主任李峰介绍，开馆以来观众就一直居高不下，上海博物馆的票房及观展人数均创历史最高纪录。为了国宝的安全，每天参观人数严格控制在五千人以内。然而每天排队的观众又岂止五千人，甚至有人半夜就带着坐垫和干粮来排队了。展览于2003年1月6日闭幕，三十七天内来自国内及世界各地的观众逾二十多万人次。辽宁省博物馆这次参加大展的十八件艺术品有东晋《曹娥诔辞》、唐欧阳询《仲尼梦奠帖》、唐摹《王羲之一门书翰》等都是国宝级文物。另外还有50年代初经杨仁恺之手收回来的一批"东北货"，就是指末代皇帝溥仪从北京故宫以赏溥杰为名盗出的一千二百余件古代书画珍品中流散于东北的那一部分。令人瞩目的北宋张择端的《清明上河图》就是经他鉴定并从回收的旧书画堆中抢救出来的，成为此次大展中观众争睹的热点。能亲自目睹国宝的真面目，成为前来参观的观众的一件幸运事。他们在馆外排队等了近两个多小时，进馆后还需从四楼到二楼排三个多小时的队才能看到这卷长画，但只能停留几分钟就得离开让给后边的人看，然而面对着千年等一回的机遇，这区区几个小时又算得了什么。《清明上河图》等七十二件艺术品跨越时空，千年之后集体亮相，在中华大地创造出万人争睹的奇迹。

国宝展的轰动效应不仅反映在观众参观的过程中，其实在与国宝展同时开幕的"千年遗珍国际学术研讨会"上这种轰动效应表现得更为明显。这次会议是一次群贤毕至、少长咸集的群英大会，国内的启功、朱家溍等著名文物书画专家以及来自美国普林斯顿大学艺术博物馆的方闻教授、香港中文大学姚宗颐教授和美国、英国、日本、法国、意大利等国家的中国文化研究者共有四百余人，杨仁恺是这次大会的主持人和发言人。会上他对晋、唐、宋、元名家名作做了扼要的介绍，对这个时期的书画艺术在中国美术发展史上的重要地位，以及承上启下的作用进行了论述，博得了会场上的热烈掌声和经久不息的赞叹声。他满怀激情地说："在世界四大文明古国之中，只有中华文化世代延续一传到底。这次大展是中华民族古老文化对世界的集中展示，它对中国传统文化艺术走向世界必将产生重大影响。"这位在国内外享有盛誉的九旬著名书画鉴定家，又一次掀起一轮探究中国文化精神，继承民族绘画优良传统的冲击波。

（三）保护国宝费心机　钟情复制出版事

对博物馆的藏品必须加以妥善保护，使之长久地留传给子孙后代，这是文物保管工作的神圣职责。然而博物馆的性质、任务决定了它又有对藏品进行科学研究和利用藏品对外宣传的一方面，一些珍贵书画由于保护条件的限制和提用过于频繁，会受到不同程度的损害。为了延长这些书画的寿命，而又不影响一般的陈列和科学研究，自古以来人们就想尽了各种方法，有时就用复制品代替使用。我国古代有些珍贵的书画，原物早已失传，例如唐摹《万岁通天帖》、宋人摹东晋顾恺之《洛神赋》、宋人摹唐代张萱《虢国夫人游春图》都是原作的复制品。使今天的人们仍然能一窥古代名家的翰墨风韵，因此书画的复制是一项有重要意义的工作。

1.复制、临摹付艰辛

复制工作要求有很高的真实性，复制品的内容、表现方法、色彩特征、艺术风格等都要忠实于原物，不能随意增减。过去我国在书画的复制方法上，有着丰富的传统经验、技术。现在我们在继承前人传统的基础上，复制方法有了改进和提高。在电脑和现代印刷技术出现之前，一般常用的复制方法有人工临摹法和珂罗版印刷以及饾版印刷的方法。

所谓饾版是"木版水印"的旧称，明万历年间，安徽民间流传一种在套版基础上发展为多色叠印的美术印刷方法。先根据画稿设色深浅浓淡、阴阳向背的不同进行分色。刻成多块印版，然后以色调套印或叠印。因其堆砌拼凑，有如饾饤，故称"饾版"。胡正言刊印的《十竹斋书画谱》、《十竹斋笺谱》(图九九)是当时饾版印刷的代表作。木版水印优于一般印刷品，主要是没有网膜印痕，没有油墨光彩，与真迹不分一二。

新中国诞生后，北京的荣宝斋和上海书画出版社将传统的"饾版"术发展到了一个巅峰阶段。使之成为一种保护古代珍贵书画，改变孤本难于

九九　馆藏《十竹斋书画谱》由原馆长李文信先生捐赠

获致局面的重要手段。荣宝斋从新刻印《十竹斋书画谱》、《十竹斋笺谱》、《北京笺谱》开始，到复印徐悲鸿、齐白石诸家的写意画，艺术效果已有公论。最后复制出一批经典古书画，被国家领导人多次作为国礼赠送给外国元首，为我国的外交和文化交流工作做出了突出的贡献。

我国木版水印(亦称饾版)事业的飞跃和成功亦渗透着当年杨仁恺的辛勤汗水。北京荣宝斋原副经理冯鹏生先生(图一〇〇)在接受笔者采访时情深意切地回忆了那段往事:"50年代初用传统的饾版术,只能复制一些咫尺绢本小幅,至于后来巨幅木版水印《簪花仕女图》、《虢国夫人游春图》、《韩熙载夜宴图》的诞生,从依原本临摹、勾描择套到雕版、印刷乃至制印钤就,都有着杨老的真知灼见。"

一〇〇 1999年4月21日,杨仁恺与荣宝斋原副经理冯鹏生先生合影

杨仁恺从重庆来到北京后经常去琉璃厂,与荣宝斋原经理侯恺同志相识,因有共同的兴趣爱好而相交,直到结为挚友。侯恺当时不避艰苦,也不因为人力和财力不足而趑趄不前,终于在1954年制定计划,用传统的饾版技术来复制中国古代珍贵书画的这项巨大工程。这绝不是一件轻而易举的事情,首先是要依据真迹照本临摹,这是涉及能否通过临摹、择套、雕版、复印再现原作风貌、神韵的关键一环。经与辽宁省博物馆商妥,侯恺经理先是聘请了金振之、冯忠莲、陈林斋、孙天牧、王宗光、李伯实等著名国画家前往辽宁省博物馆进行临摹工作(图一〇一)。他们虽然具有一定的绘画经验,但对于唐宋真迹的临摹,可以说是毫无把握。有的人一生善于创作,却没有搞过临摹,对此视为畏途。有的画家面对名迹不知如何下笔,信心不大。再就是直接涉及名画的保护问题,如何采取安全的措施等。这期间积极参与支持和工作者中,热情最高者当属杨仁恺。长时间内他与临摹画家朝夕相处,甚至对如线条琴断虚实的状态如何再现,大面积的重色色块如何反映这样细微的难点都不放过,协助设法解决。当时临摹《虢国夫人游春图》的冯忠莲是辅仁大学美术系的高材生,溥雪斋先生

一〇一　1954年春，侯恺、冯忠莲等人在东北博物馆临摹古画时的合影（左一：侯恺、右二：冯忠莲）

的高足。又长期受到名画家陈少梅的指导，后与陈少梅结为连理。冯忠莲于绘事素养有独到之功，但她在临摹过程中也深感头疼。为了追求神似和具体描绘细节，不知花费多少精力。有时一根线条、一束发髻、一块敷彩反复修改多次，甚至废寝忘食。正是由于画家们这种锲而不舍的精神，经过无数次失败，历时一年零三个月，成功地摹制了唐周昉《簪花仕女图》、五代董源《夏景山口待渡图》、宋徽宗赵佶摹张萱《虢国夫人游春图》、宋人《寒鸦图》、宋元画册等仅下真迹一等的作品。为我国木版水印复制技术奠定了基础，从保护文物的角度上看，实属壮举，成为新中国博物馆之首例。

后来在文化大革命期间，侯恺同志被打成"黑帮"，造反派迫使他跪在地上用皮带抽打，责令他交代罪行，其中就有一条是如何勾结杨仁恺搞封资修文化的。侯恺同志只说了一句："他只是好古。"往下任其踢打，则缄口不言。他们为了推动文化艺术事业的发展，以共同的理想为基础，结成的深厚情谊是经得住暴风雨的洗练的，堪称艺苑美谈。

有了下真迹一等的摹本，还必须通过分套勾描、雕版的辛勤劳动，一笔一画通过铁刀现出顿挫流利的线描诚非易事，还有套印技巧，必须精益求精，最后经过装裱师之手。如《簪花仕女图》这件完美的艺术复制品用几百块饾版，经过上述诸多复杂的工序，花费了几年功夫，通过众多能工巧匠集体的创造性劳动，终于复制成功，几乎可与原作相媲美，在德国莱比锡世界博览会上获金奖。上海书画出版社复制的明代《十竹斋书画谱》，亦获最高国家奖。

此后杨仁恺又出面邀请了著名工笔花鸟画家于非闇先生到东北博物馆临摹了五代黄筌《珍禽图》和宋徽宗赵佶《瑞鹤图》两件瑰宝。于先生在临摹的过程中，发现《珍禽图》在绘制敷色上有许多诀窍。他和杨仁恺共同探讨，反复试摹，从中得到难度很大的敷色技法。尤其在画龟的过程中，如何将龟的神情欲活的气韵如实地表现出来，是件很难的事(图一〇二)。他们几经琢磨、几度失败，多次反复，终于悟出其中道理，达到接近原作的效果。虽然真迹后来调拨给北京故宫博物院，也可以此摹本化解辽博人的不舍之情。

1959年2月杨仁恺又找到了时任中国美术家协会辽宁分会主席的施展同志，及鲁迅美术学院、辽宁美术出版社的领导商谈，请他们协作，为辽宁省博物馆所藏的古代名画再次进行临摹工作。这一次的规模可算是解放以来最大的一次。聘请的著名画家有晏少翔、钟质夫、季观之、郭西河、张胜、韩进之、刘旭等，经过三个多月紧张忘我的工作，临摹了传宋李公麟《明皇击球图》、李成《寒鸦图》、传李公麟《九歌图》等八幅作品入藏辽宁省博物馆。

一〇二 黄筌《珍禽图》

这期间杨仁恺亲自动手挥毫摹拓，先后为辽博摹绘唐人摹《万岁通天帖》、元徐禹功《雪中梅竹卷》等，这些摹本凝聚了他对博物馆的痴爱和他深厚的书法绘画功底。

2.编印图籍　远播海内外

60年代以后，中国的出版事业很不发达，一些博物馆将馆藏珍贵书画深藏库中而不露，不热心于出版工作。在杨仁恺看来，博物馆举办各种陈列展览，能直接前来观摩者为数毕竟有限。而文化贵在交流，但又限于客观条件。远至各大洲游客，近及国内各地的观众，不可能都有亲临欣赏的机会。惟一的办法就是编印各类图册，可以不胫而走，远播世界各个角落。为了满足海内外读者对中国民族艺术的欣赏和研究。杨仁恺从60年代起就积极参与编著辽博珍藏的各种名家书画图录，他有在重庆《说文月刊》社的根基，出版印刷工作自然是他的强项。经他多方联系文物出版社（图一〇三、图一〇四）、上海人民美术出版社、上海书画出版社、辽宁美术出版社、辽宁画报出版社、北京荣宝斋出版社、人民出版社等国内著名的出版机构先后出版了《辽宁博物馆馆藏法书》、《辽宁博物馆馆藏画集》、《中国书迹大观——辽宁省博物馆》、《中国博物馆——辽宁省博物馆（八大馆）》、《十竹斋书画谱》(豪华本和仿古本)、《高其佩画集》、《齐白石画册》、《辽宁省博物馆藏宋元山水画册》、《辽宁省博物馆藏明清扇面选集》、《中国古今书画真伪图典》、《王铎书法墨迹汇编》等大型豪华精装本及馆藏名家书画精选出的各种单集，近五十余种（图一〇五）。

一〇三　1983年11月文物出版社工作人员来馆拍照出版画册时的合影

90年代初，日本二玄社的制版印刷技术是高出国内印刷业一

一〇四　1983年11月文物出版社苏士澍、王露等人来馆拍照出版画册时的合影

一〇五　辽宁省博物馆出版的部分图书

一〇六　1993年7月9日杨仁恺在日本二玄社认真地校对《瑞鹤图》画稿

筹的。二玄社与辽宁省博物馆经过多次协商，决定出版馆藏的宋徽宗《瑞鹤图》与北宋李成《茂林远岫图》两件设色原大复制品。参与这项工作，杨仁恺非常认真仔细，当日本人来博物馆拍照真迹时，他寸步不离，亲自把定质量关和严防珍贵书画受损。1993年7月，他应邀访问日本期间，亲自到二玄社和东京印书局考察，到各个车间参观生产过程。当目睹了他们的电脑设备先进，印刷制版人员技术精良，工作效率非常高，这些都是当时国内印刷企业所不及的，他深有感触。在车间里他认真地校对画稿的色彩，和工作人员一起研究探讨，提出许多印刷质量的建议（图一〇六）。在他的关心下，两卷复制品成功出版，在世界上受到广大书画爱好者的青睐，同时博物馆也获得了一定的经济效益。

一〇七　杨仁恺在香港翰墨轩与许礼平观摩书画

翰墨轩是香港一家

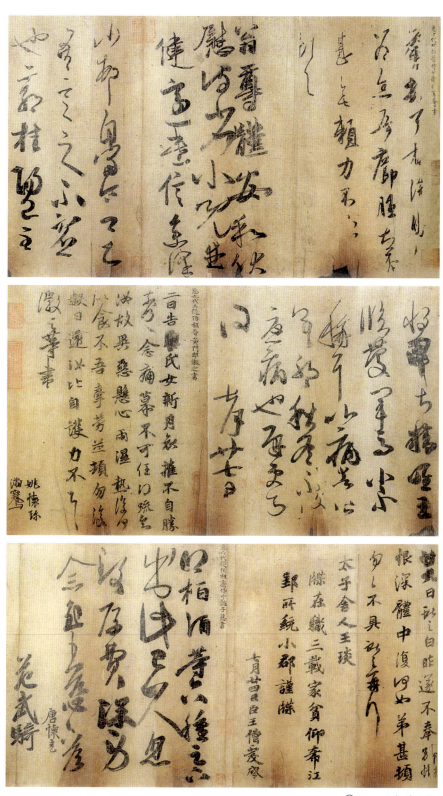

颇有名望的出版有限公司，1987年11月成立。他们的《名家翰墨》丛刊属于国际性中国书画鉴赏杂志，是中国编辑、印刷水平之上乘。自创办以来，出版了中国古今名家法书、绘画专辑近一百五十余种。为世界各国人民了解中华民族文化艺术搭起了一座彩桥，深受海内外读者的欢迎。

90年代初，杨仁恺应邀访问香港中文大学，经利荣森先生介绍认识了翰墨轩主人许礼平（图一○七）。由于共同的事业所好，杨仁恺热情地为出版工作出谋划策，共同探讨书画艺术，鉴定书画真伪，帮助他在内地各大博物馆或私人收藏家那里组织稿源。十几年的相处，早已是情深意厚。在《中国名家法书全集》中，就为辽宁省博物馆出版了珍藏的宋徽宗《草书千字文》、唐欧阳询《梦奠帖》、唐摹王羲之《万岁通天帖》三册单集（图一○八）。这是中国第一套原色原尺寸印制的名家法书全集。其中所有法书图版，包括装裱现状均以原迹直接拍照制版、原尺寸刊印，务求与真迹等同。其原作之用纸，书法用笔之先后，轻重、徐疾、墨韵之变化、不同时期所钤印章之颜色、纤毫毕现。如面对原物，兀称下真迹一等。是书法家、书画爱好者和学习者审鉴、翻阅、欣赏的重要工具书。

杨仁恺几十年如一日地热中于古代珍贵书画的临摹、复制、印刷、出版，不愧为一位弘扬中华民族文化艺术的使者。在他千辛万苦的努力下，使海内外人士更多地了解了辽宁省博物馆，也为辽宁省博物馆走出国门，走向世界闯出了一条宽阔大道。

第四章 笔耕不息 硕果累累

一〇九 1999年4月23日，杨仁恺与冯其庸在安徽合肥留影

（一）他是一位大学问家

著名红学家、原中央艺术研究院副院长冯其庸先生（图一〇九）在为杨仁恺《沐雨楼翰墨留真》一书所作的序言中写道："杨老首先是一位大学问家、大研究家，他著作宏富。我曾先后拜读过他的《国宝沉浮录》、《沐雨楼书画论稿》、《沐雨楼文集》（上、下卷）等大著，深感敬佩，杨老有关书画的论文，都是一篇篇内容充实，论证严密，结论正确，而令人信服的高水平的学术论文。"

原辽宁省文化厅副厅长战力光同志评价："杨仁恺在事业上成就突出，在学术上更是潜心研究，笔耕不息，硕果累累，成就斐然。"

他的专著有《聊斋志异原稿研究》、《簪花仕女图研究》、《高其佩》、《中

一一〇 杨仁恺著作（部分）

国书画真伪图鉴》、《杨仁恺书画鉴定集》、《中国书画鉴定学稿》、《沐雨楼翰墨书画论稿》、《国宝沉浮录》、《沐雨楼翰墨留真》，还有集结成册的《沐雨楼文集》（上、下册）等十余部。根据不完全统计，他已出版的各类作品多达三百余万字，在辽宁文博界是创纪录的（图一一○）。

他主编或参与编辑的辽宁省博物馆藏品图籍不下二十余种，并负责主编《中国美术全集·隋唐书法卷》，国家文物局文博材料系列《中国书画》，他的著作和图录有的还以日文、英文，在国外出版发行。

半个世纪来，杨仁恺的著作颇丰，他对一些持有多种争议的古代书画进行了精确的考证，深入研究，做出了科学的论断。他学术观点的科学性、正确性，丰富了民族文化的内涵。北京荣宝斋前副经理冯鹏生先生曾精辟地总结为"他考度尚文武之才。否六朝之浮论，断《曹娥诔辞》为晋人所书；他据事以类义，援古以证今，变通古今，还唐人本来面貌，断《簪花仕女图》为唐贞元年间画师所做；他矫诡翻浅，执正驳奇，捃摭史料，证《仲尼梦奠帖》并非钩填，实为唐人欧阳询之墨迹；他申正义泰然辨诬，评析浮词严论证，言邓拓公之欲言，鉴《潇湘竹石图》确为苏轼上品；他熟读诗经本义，考马和之画风特点，拨开迷蒙阐明《唐风图》之件数和真伪，等等。其鲜明的鉴识，逐渐被认同，质疑之声已经消沉。诸如此类，枚不胜举，不仅反映了他的严谨的治学作风，也突出反映了他对民族文化事业的杰出贡献。亦如古人云：'丹青初炳而后渝，文章岁久而弥光。'"

杨仁恺不是专业作家，不可能坐在家中专注地写文章。文化大革命前，他是博物馆的业务骨干，凡属

一一一　50年代初，杨仁恺田野考古留影

一一二 1987年6月辽宁省博物馆新展览大楼修建中，杨仁恺亲临现场检查工程质量

一一三 1983年冬，杨仁恺陪同美国大都会博物馆东方部副部长姜菲德博士来馆参观

一一四 1987年4月中央书画鉴定小组在杭州工作。启功、谢稚柳、杨仁恺、刘九庵四人合影

馆里主要业务活动都得参与，又经常出差到全国各地征集文物（图一一一）。文化大革命后，他又是主管业务工作的副馆长（图一一二），大量业务工作和国内外频繁的文化交流活动（图一一三），使他忙得不可开交。1983年后，他又参加了长达八年的全国书画鉴定五人小组，每年大部分时间都要巡回于全国各大省市博物馆，进行书画鉴定工作（图一一四）。当他退居二线，被聘为名誉馆长之后，由于他的知名度不断提高，国内外各种活动仍是应接不暇，因此，他也从未清闲过，仍然是一个大忙人。

那么，他的众多著作是如何写出来的？其中有一小故事最能说明问题。杨仁恺家对面三楼有一户三口之家，从他家的窗户正好能望见对面二楼杨仁恺的书房。小儿子读书贪玩，已经上中学了还不知道用功，父母非常着急，无论怎样管教，都取效甚微。有一天晚上母亲把儿子叫到窗前，指着对面书房内的那位老爷爷对儿子说："老爷爷已经八九十岁了，是国内外文化界知名人士，可是他每天还是那样勤奋地读书写字。你年纪还小，和老爷爷比起来要学的知识太多了，将来要想有出息就应该学习那位老爷爷刻苦读书的精神……"此后，儿子每当晚间都站在窗前，望着对面楼的书房，只见老爷爷每天晚上七八点后都要伏在桌案前，认真地读书、看报、写字，经常灯亮到深夜。小儿子真的受到了感动，下定决心以老爷爷为榜样。从此学习有了自觉性，不再让妈妈操心了，学习成绩也很快地提高了（图一一五）。

杨仁恺的《国宝沉浮录》初稿形成于50年代为收回清宫散佚书画南征北战的空隙余暇间，修稿于插队落户到岫岩山区陋舍中的昏暗油灯下。文化大革命后不断发现了新资料，有了新认识，又不断地充实修改，直到1985年生病在兴城疗养院十天疗养中才完稿。

杨仁恺的著作就是在这样繁忙的工作活动中，忙里偷闲，或是利用空隙时间，或是

一一五 杨仁恺在书房勤奋读书

一一六　杨仁恺一生笔耕不息，硕果累累。1981 年 9 月摄于广州萝岗

一一七　杨仁恺《沐雨楼文集》出版座谈会

晚上在灯下完成的。为了写作研究，他经常处于紧张的脑力劳动中，其强度之大可想而知，同志们劝他要注意身体，他总是说："我已届垂暮之年，年龄不饶人，趁现在还能干，就多干些。"他的大部分著作，都

是在他 70 — 80 岁期间完成的（图一一六）。偌大的年龄，竟有如此惊人的毅力和奋斗精神，实在是令人感佩之至（图一一七）！

（二）《聊斋志异》原稿研究

1. 蒲松龄及其《聊斋志异》

《聊斋志异》是我国文学史上成就最高的一部文言短篇小说集，作者蒲松龄（1640—1715年），字留仙，山东淄川人，他生活在明末清初，民族矛盾、阶级矛盾空前尖锐，思想统治十分残酷的时期。年轻时在科举场中一度比较顺利，后来屡次失败，因此转而致力于创作，他当了多年的私塾先生，三十一岁时应朋友邀请，出外作了一年的幕宾，这次远游，跑了不少地方，开拓了眼界，也搜集了一些民间故事，后来他一直住在乡间，七十一岁得了贡生，从此生活才略有好转。作者一生不得志，考场的失意、生

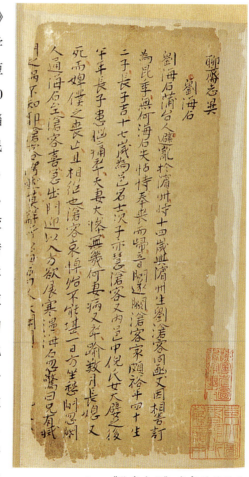

一一八 《聊斋志异》半部原稿照片

活的贫困加上长期住在农村，使他接近农民。他目睹农民的悲惨生活，对清代统治者有所不满，但在专制统治和文字狱的高压下，他有话不能直说，只好借助花妖狐魅的故事来抨击黑暗社会，歌颂人民的理想，《聊斋志异》就是在这种情况下产生的一部积极浪漫主义作品。

蒲松龄所撰《聊斋志异》一书成稿后，由于家境贫寒，其子孙也无力将原稿刊印，只能将原稿深藏于淄川蒲氏家祠中（图一一五）。

当时蒲松龄与王士禛（渔洋）之间有过密切的交往和友谊，他曾经持稿去干谒王渔洋，王氏激赏之余，在另外纸笺上分条写下许多评语和跋语，后蒲松龄亲笔一一抄录在自己的原稿上，为表示对朋友的尊重，每则

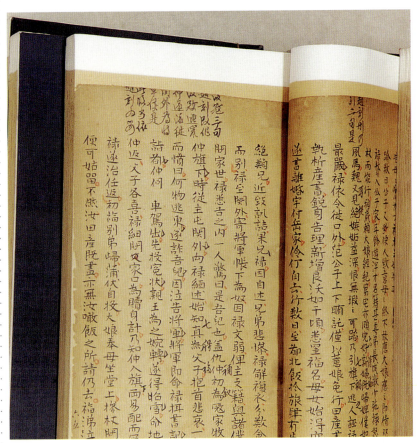

一一九　王士禛（阮亭）评语眉批

一二〇 "青柯亭"刻本

都冠以"阮亭曰"（王氏之号）（图一一九）。在作者死后的若干年中，原稿除了供亲友传抄之外，也有闻风而至的骚人墨客，见过原稿后，亦必有所题记，使原稿上开始出现了不同笔迹的跋语。据蒲氏后人在乾隆五年（1740年）所撰写的《聊斋志异》跋文中"初亦藏于家，无力梓行。近乃人竞传写，原迹借求"之言，足见当时传抄的不在少数了。但历经二三百年之后，抄本零散，有如晨星寥落。现知流传至今的惟有成都刘氏所藏雍乾年间闽人黄炎熙的抄本，北京图书馆所藏的乾隆抄本，再就是蒲氏九世孙蒲文珊所藏的半部稿本而已。

蒲松龄死后五十余年，始有刻本问世，现存最早的刻本是湖北王氏于1765年刻就，随后第二年（1766年）又有浙江赵氏刻本，即所谓"青柯亭"本，为十六卷，四百余篇（图一二〇）。此后刻本逐渐多起来。就连"青柯亭"刻本也刊行两种以上。

从清朝人的几种笔记中得知，自乾隆以来所刊行的《聊斋志异》内容上有过不少的删削和篡改，如果仅凭借几种刻本或是一些拙劣的批注本，从事这部著作的研读，尤其是对作者进步思想的探讨，是难收到"探骊得珠"之功的。

2.《聊斋志异》原稿传奇

1951年春天，蒲松龄的第九世孙蒲文珊先生将蒲家数代相传，保存了两个多世纪的传家宝——古典名著《聊斋志异》手稿由辽宁省文化局做工作，捐献给东北人民政府文化部。手稿仅存半部，但蒲家后人为保护它所遭受的离乱之苦，所感受的恩怨却一言难尽。

蒲松龄故居在今山东淄博市淄川区东部的蒲家庄，他一生丰厚著作的手稿，在他逝世后，被后代悉数保存于蒲家庄蒲氏家祠中，但由于年代久远，到了七世孙蒲介人时，手稿大部分都已散佚，不过他的传世之作——《聊斋志异》原稿总算完整地保存了下来。清同治年间，蒲介人为谋生带着这部手稿，携眷远走东北，定居奉天（今沈阳）。蒲介人临终前把手稿托付给儿子蒲英灏保管。1894年蒲英灏在奉天盛京将军依克唐阿帐下做文书工作。后来依克唐阿听说蒲英灏手中有先祖的《聊斋志异》手稿，便商请借阅。蒲氏搪塞不过，只好先出借半部，阅毕又以另半部相换。不料依氏因公事进京，正值庚子大乱，又染疾病逝，他借去的后半部手稿从此也就杳无踪迹了。

光绪二十七年（1901年）蒲英灏就任奉天巡防统巡官，带兵镇守西丰，解职后，全家就住在西丰县城，他去世后，半部手稿传到他的小儿子蒲文珊手中。蒲文珊喜爱诗文书画，当时出任西丰县图书馆馆长。1933年6月时任伪满洲国参议兼国立奉天图书馆馆长的袁金铠曾借得手稿，由西丰县一些乡土名流出钱选出《狐谐》、《仇大娘》等二十四篇胶版影印出《选印聊斋志异原稿》一卷。此间袁金铠为讨好日本人，曾向蒲文珊提出要购买手稿，但蒲氏不愿出卖祖宗遗墨，婉言回绝。

1952年冬，西丰县土改，蒲文珊部分家产被封存，《聊斋志异》原稿也在其中，后来被工作队队员发现，其中两册被一名女队员带回哈尔滨，另外两册被工作队负责人当时的县委秘书刘伯涛在一堆乱文件中发现，刘翻阅后认为可能很重要，立即向上级汇报，并在公安局的协助下追回另外两册，事后经辽东省文化局动员，杨仁恺从中提供具体材料，蒲文珊将失而复得的祖传《聊斋志异》半部原稿捐献给国家。

原稿为12裁大小的竹料白纸本，文字用墨笔缮写，均为行楷小字，稿纸每页共有文字十八行，每行二十七字至三十字不等，因为年代久远的缘故，稿纸自然地变成了旧黄色，有的稿纸边缘上面还有显著的水渍，每卷的上下边缘均已残破，现存的原稿上半部共有短篇二百三十七篇，有二百零六篇为作者亲笔抄写，三十一篇可能是他的门徒代抄（其中三篇属作者与代抄人合力抄写而成）。

1951年春，东北人民政府文化部文物处郑重接受了《聊斋志异》和《聊斋杂记》手稿。经过重新装裱后，拨交东北图书馆收藏。此后由文学古籍刊行社影印成书，与广大读者见面。

3.《聊斋志异》半部稿不是旧抄本

1950年杨仁恺从四川老家来到沈阳，和朱子方、金景芳一块受聘到东北人民政府文化部文物处研究室任研究员，文物处的办公地就设在沈阳故宫西院，他们当时的任务是协助东北图书馆的安文甫、陈国庆等人一起整理文溯阁所藏《四库全书》。对其缺佚部分进行校对修补。当《聊斋志异》稿本入藏东北图书馆时，王修处长非常重视。责成杨仁恺对其进行研究考证工作。本着科学的态度，杨仁恺首先从校雠工作入手，因为这是研究的基础和手段，其目的在于了解原稿与刻本之间究竟有多大的差异，具体事例表现在哪些方面，做到心中有数。校雠所用的是东北图书馆庋藏的乾隆年间刊行的"青柯亭"刻本，因为这是最早的刻本，与原稿甚为接近，又为许多后来刻本之祖，也有人称之为"知不足斋本"或"赵刻本"的。校雠工作前后持续了三个月之久，杨仁恺以他那渊博的学识、敏锐的目光，一丝不苟的认真态度，理清了原稿与刻本之间的许多差异之处。

其一是在刻本中有许多处是属于对原稿的删削和篡改。如《仇大娘》、

《王成》、《促织》诸篇的原稿文字中可以看出作者用激昂的言词，表达了对清朝统治者的憎恨和蔑视，而在刻本里却很难看到这样的语言。

其二是对清代统治者以八股取士的制度，对考官及其幕僚大加揶揄，从《王子安》、《司文郎》、《于去恶》诸篇中都可看出来，尤其是在后边"异史氏"措词尖锐，鞭挞考官们的丑恶嘴脸的评语，而在刻本中却有意识地被删掉了。

除去字句的删削和篡改外，还有未经刻本刊行的遗文，为数有二十余篇之多，约占原稿上半部的十分一以上。百余年来有不少人做过遗文的搜集工作，还先后有人把它付梓流传，日子久了，坊间刊行的版本中，随之出现真赝杂存，鱼目混珠的问题。由于原稿一直保存在蒲氏后人手中，从前无从获见原稿，也就难以断定哪家刊行的遗文是取自原稿，哪家刊行的是后人杜撰的。杨仁恺通过用原稿校勘刻本遗文，结果得出了一个真赝分明的标准，并认定原稿遗文篇数，与刻本例言中所说删四十八条是接近的。他结合当时的社会背景以及遗文的故事内容分析得出这些遗文被刻本删削的原因，一是故事触犯了统治者本身的利益，有的全篇文字都是针对统治者腐朽的阴暗面，而不是靠一字一句的改动就能够将原稿中字里行间所流露的民族意识模糊得了的，只有删除全篇才能解决原稿与刻本之间，也就是作者与统治者之间的矛盾。二是属于暴露贪官污吏的丑行方面的，在有的篇章中作者以无限同情之笔来描述被辱的妇女，如《犬奸》、《金世成》等，以严厉的文字来抨击酷吏，刻本岂有不删之理，此外还有属于讥刺神祇，表彰民族气节之章节自然也会遭到删削。

1954年的冬天，杨仁恺听到了中科院文学研究所所长何其芳先生和《人民文学》主编严文井有关原稿的一些传闻，说它不过是一种旧抄本而已，这使杨仁恺大为吃惊，因为他经过三个多月的校雠工作，用大量具体的事实证明了《聊斋志异》确属蒲松龄的原稿本。如今却被人家当作是旧抄本，心情的沉重是可想而知的，他一度曾怀疑过自己的结论，但冷静地思考后，他坚定了信心，于是撰写了《谈〈聊斋志异〉原稿》一文，发表在1955年《新建设》杂志10月号上。在文章中杨仁恺首先分析了《聊斋志异》半部手稿与刻本间诸多差异，及产生这些差异的客观原因。又从手稿作者书法上的一些特点剖析。并依据蒲松龄画像上的亲笔题字，和他六十三岁时所写赠张杞园的长诗手迹，还有东北图书馆所藏蒲氏晚年所书《农桑经》手迹相比较，确认手稿实属蒲松龄的亲笔。

杨仁恺从其抄写过程、流传经过、校雠等方面的具体材料进行综合分析、考证，最后得出了确切的结论："我写这篇稿子的动机在于通过有关方面的一些材料，来论证它不是旧抄本，肯定它应该是作者的原稿。不但是原稿，而且已经是最后加以整理过的清稿本——定稿！"

事情十分凑巧，由于蒲氏有关诗文原稿此后又陆续发现，证实了《聊斋志异》原稿的可靠性已经不可动摇，故人赵其文先生当时在人民文学出版社负责古籍出版工作，原本他在影印原稿中据何其芳先生的意见将之作为旧抄本来处理，经过杨仁恺先生据理论证后，终于改变了他原来的观点。

4.关于《聊斋志异》的"民族思想"辩

杨仁恺先生发表了《谈〈聊斋志异〉原稿》一文后，由于在原稿和"青柯亭"刻本校雠工作中涉及作者的思想意识，认为作者蒲松龄具有一定的进步思想，肯定了作者的民族意识。对于这个问题，学术界一直是有争论的，《文学遗产》91期发表了一篇署名兰翎的文章，题目是《〈聊斋志异〉的"民族思想"在哪里？》。文章中对杨仁恺有关作者民族意识的论断全盘否定，但当时并未引起古典文学界的反响，只见1956年9月号的《人民文学》上伍郢同志写了《关于"民族意识论"》的一篇短文，对兰翎文章的论点予以反驳，但还不足以说明问题。

杨仁恺认为"兰文"对《聊斋志异》作者的民族思想所作出的全盘否定是错误的，这错误基于他教条地把《聊斋志异》作为《水浒》、《红楼梦》一类的小说，片面地从作品的艺术形象中追求进步的东西，因此只能错误地做出否定的结论。

既然是有文章指责，就应该回敬，于是撰写成《〈聊斋志异〉的"民族思想"在哪里？一文的商榷》，针对兰翎文章中的观点逐一进行驳斥。杨仁恺认为《聊斋志异》是否具有民族意识，只能是而且必须是从作品中去加以考察和分析，当进行作品的考察时，也必须涉及作者所处时代的各个方面。"《聊斋志异》有无民族意识是不随人们的意志为转移的客观存在的问题，它不容许人们任意附加或随便取消的。"正如兰翎文章所述"必须作具体的研究，不能用一般的推论方式把问题简单化了。"

兰翎在文章中说："文学作品的根本特点和规律是通过生动的形象体现内容，离开了形象就没有文学，也当然不再会有什么思想内容。"

而杨仁恺则认为："这一观点对所有的文学创作来说都是完全适用的，而且是一个不可更易的基本原理，如果要进行古典作品《水浒传》、《红楼梦》和近代的《阿Q正传》、《暴风骤雨》、《三里湾》诸创作的研究，只能是适用上述的基本原理来衡量，分析作品所反映的时代以及作者的思想。至于《聊斋志异》这一部古典作品，是否完全适用上述的原则，倒是值得认真研究的问题。"这就是这次争议的焦点。

他首先指出《聊斋志异》的撰写形式是属于笔记小说体裁一类，尽管有一少部分短篇是经过了作者的加工、概括、集中、美化的创作过程完成的，但大多数还是属于叙事、传记、轶闻、传说的撰录，正因为这个缘故，许多故事里面的人物不可能都写出典型环境中的典型性格，如有的属于记事方面的短篇，只有几十个字，这里面既无形象可寻，又哪能在他们里面找出典型来呢？因此如果单靠从形象一方面去探讨作者的思想，肯定是不可能收到预期的效果的。

《聊斋志异》反映的生活面很广，作者的笔接触到了封建社会各个角落，其中有些故事有极深刻的寓意。兰翎在文章中指责："由读者代作者编造各种离奇不经的构想，把故事说得玄乎其玄，甚至张冠李戴，庸俗不堪。这些毫无根据的猜谜似的研究方法除了给作品带来歪曲外，不会有任何裨益，简直是'害莫大焉'。"

杨仁恺则认为"《聊斋志异》中的一些寓意之作却不应因为有些人对它做过许多庸俗的揣摩,妄测猜猜……而将原来存在的思想自行减退或竟归于消灭"。他从蒲氏所生活的那个时代的历史背景去分析。清代统治者入主中原后,其文化统治政策,一面设科举制度借以罗致文人,一面则实行血腥的镇压——文字狱。残酷的大肆屠戮文人,不能不引起当时社会一般人们的戒惧和愤恨。尤其是士大夫之流的文人,在行文方面势必更加谨慎,或者寓意、或者托古,至于语言隐晦更是完全可以理解的事,这正如《红楼梦》一书也没有明确指明所描写的时代的道理是一样的。

杨仁恺还引用了众所周知的民族思想家顾炎武《日知录》和黄守义《明夷待访录》中多以托古刺清的文字内容为例,证明他们都是用寓意的方法斥责统治者和汉奸的。他在文章中有力地反问:"这些民族思想家何以不能大胆而又无隐藏地把'积聚了山岳一样的憎恶和仇恨'写出来呢?如果我们既已知道了清代统治者对当时的血腥镇压政策,那么对这些寓意的文字,不但不应加以非议,而且要用历史的眼光予以一定的重视才对。"

针对兰翎文章中指出作品把"白莲教"写为"盗""流寇""贼党""企图以妖术煽惑群众"等,就据之而否定作品具有民族意识这一论点,杨仁恺则认为如果仅仅从字面上的孤立解释是带有很大程度的片面性。他以民族英雄史可法曾在复多尔衮书信中称过当时农民起义领袖李自成为"闯贼"。民族思想家黄宗羲也曾在他的著作《明夷待访录》的《建都》、《兵制》诸篇内累次指李自成为"李贼"为例。指出:"是不是因为他们把明末农民起义的领袖称为'闯贼''李贼'就不成其为民族英雄或民族思想家呢?"他分析了在异族入侵的时候,有的人还认为明朝才是正统,因而在行动或意识上反抗外族的统治,固然是一种民族意识的表现,有的人同情或承认李自成以及别的反清集团,更是民族意识的表现,这两种民族意识在进步的程度上虽各有不同,惟他们在反抗外族侵略这一点上却是方向一致,没有什么轩轾的。所以他强调指出问题最主要的并不在几个文字的同异,必须从作品的整个内容予以具体分析。

杨仁恺认为《白莲教》的内容从文字表面上看去，似乎说的是盗贼借宗教鼓吹造反，作者的立场站在统治者方面，可是我们如果了解作者的寓意手法，深入考察后，就不难看出作者怎样着力地叙述了"官兵"的怯懦，最后竟以轻蔑的口吻道出"假兵马死真将军"作为故事的结语。显而易见作者是通过"白莲教"故事的描述，在给统治者喝倒彩呢！

兰翎在文章中还提出刻本将《仇大娘》中"旗下"改为"将军"是件极为寻常的事情，不会有什么"微言大义"的。杨仁恺则引用《广阳案记》中记载洪承畴降清后，将其母亲接到京师，当母亲见到儿子后大声怒骂，以仗击之，数其不死之罪，曰："汝迎我来，将使我为旗下老婢耶！我打死汝，为天下除害。"可见当时在汉族人口中的 "旗下"一词，是骂清朝统治者的，显然含有深刻的民族仇恨。引用这段文字，既证实了《聊斋志异》作者所用"旗下"二字的分量，同时又说明了刻本中将"旗下"篡改为"将军"的用心。

通过此番辩论，杨仁恺对客观事物具体而深入的钻研得出了正确的结论。"《聊斋志异》在有关民族意识方面的文字处理得较为隐晦，以及后来的刻本更进一步加以删削和篡改的原因是由历史的客观事实所造成的，作者开始撰写时，目的在于将书传之后世，他当时必须考虑到他的身家性命的安全。"

杨仁恺虽然多次自谦对古典文学的研究是个门外汉，理论水平极低下，但是通过他对《聊斋志异》原稿与"青柯亭"刻本的校雠、考证，而后提出了原稿不是旧抄本，而是作者的清稿。蒲松龄本人的进步思想和民族意识的见地，为国内外学术界从事这部中国古典文学名著的研究，客观历史地评价《聊斋志异》起了抛砖引玉的作用。

（三）一炮打响　四海瞩目

1.千年古墓出绢画

叶茂台，这座位于辽宁省法库县西南四五十公里处的偏僻小山庄在

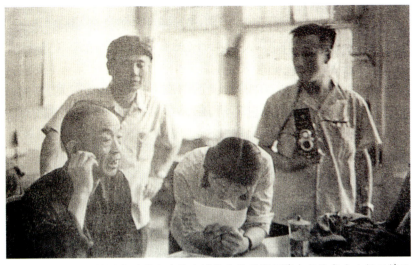

一二一 1974年4月北京故宫博物院裱画张师傅介绍修复出土辽画情况

1974年春天，骤然震惊了整个考古界。这要从村北连绵起伏的丘陵山岗说起，古代称之为"圣迹山"，实属辽北医巫闾山余脉。一千多年前辽王朝的显贵萧氏后族的祖茔，就选在这一地域。1953年发现了第一座古坟，虽然出土了一些器物，但是并未引起人们的注意。此后的二十余年中，附近十里八乡的村民不断地到这里来寻宝，从此这一带山岗被当地老百姓视为风水宝地。

直至1974年4月的一天，在叶茂台村西山拉石头的两个农民无意中又发现一座未被破坏的完整辽墓，立即引起了省市文化部门的关注，随后辽宁省文化厅成立了发掘工作领导小组，开始正式发掘。整个发掘工作历时月余，墓中出土了典型完整的棺床木阁一座，巨大精美的半浮雕绘四神图案的长方形石棺一具，棺内置一身穿多层华丽服饰的老年女尸。随葬了大批珍贵文物。墓壁上还绘有壁画，反映墓主人生前豪奢的生活场面。更令人惊奇的是在棺床木阁的东西两侧山槽枋下，发现有两幅悬挂的绢轴画，更是宝中之宝。尽管当时已经坠落地板上，但经过考古人员采取了临时应急处理办法，在文物局王冶秋局长的亲自安排下，派专人乘飞机速运北京，由北京故宫博物院负责抢救处理（图一二一）。经过一段时间的修

一二二 辽墓
出土《深山会
棋图轴》

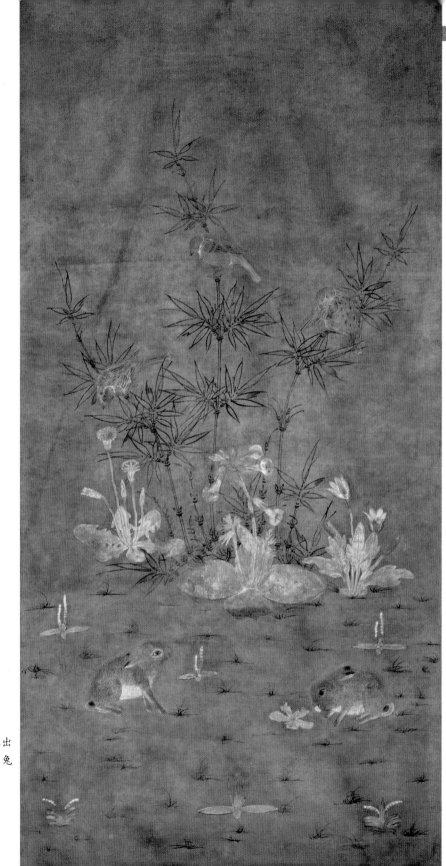

一二三　辽墓出
土《竹雀双兔
图轴》

复、装裱，两幅古画焕然一新，恢复原貌。其中一幅《山水楼阁图》又称《深山会棋图》（图一二二），绢地，青绿山水画，纵154.2厘米、横54.5厘米。画中描绘了封建文人士大夫深山隐逸的生活意境。另一幅《竹雀双兔图》又称《郊原野趣图》（图一二三），绢地设色，纵155.5厘米、横60.2厘米，画面以写生手法描绘田野间的翠竹、山雀、野兔、花草生机勃勃的景象。用轴画殉葬，叶茂台辽墓虽不是仅有的一例，可是如此别开生面的安排，在辽墓中却是前所未见。遗憾的是墓内未发现有文字记载的资料。但根据墓室的建筑规模，结构设施，及丰厚令人奢华耀目的随葬品来看，这个千年前的老妇人绝非等闲之辈。直到1976年春天，这里又发现了有明确记载的萧义墓志，才推测出叶茂台辽墓女尸定是契丹王室萧氏后族的贵妇人，因此这座带有神秘色彩的千年古墓，引起了国内外考古界专家、学者的震惊和极大的关注。

2.一场报告　名扬四海

杨仁恺在这项发掘工作中，承担七号墓内出土的两幅古画的研究任务，为了研讨古画，王冶秋局长在北京故宫博物院召开了一次专家讨论

一二四　1981年在美国克利弗兰参加国际学术会留影

会，杨仁恺出席了会议，会上谈了自己对出土古画的认识。此后，他于1975年配合发掘报告在12月号《文物》上发表了《叶茂台辽墓出土古画的时代及其他》；他认为在这篇文章中没有把问题全面展开，说得不深不透，因此又怀着学习探讨的急切心情，撰写了《叶茂台辽墓古画有关问题的再认识》发表在《美术生活》第一期上。

1983年3月，应美国克利弗兰博物馆馆长谢尔门·李之邀，与北京故宫博物院杨伯达先生同往克利弗兰，恰逢上海博物馆沈之瑜馆长应友人之邀，一同参加《八代遗珍——中国绘画国际研讨会》（图一二四）。在大会上杨仁恺作了《叶茂台第七号辽墓出土古画的综合研究》报告，他信步走上讲台，向与会各国专家、学者介绍了叶茂台辽墓的发掘情况，两幅古画出土的历史和现实意义，并结合历史文献，综合传世作品和考古资料对两幅古画的主题内容、艺术风格、创作年代、作者的族属、古画是否是当时的商品画或冥画、辽代绘画与汉文化的关系等诸多世人所关注的问题进行了翔实的考证、论述。杨仁恺认为："契丹民族与汉文化的长期接触，他们吸取先进的东西，作为改进和发展的根据。辽代绘画是在吸取唐和五代的绘画传统的基础上发展起来的，其关系之密切，有如水乳交融。因此辽代绘画艺术，以及流传于世的艺术作品都是可贵的精神财富，成为我国根深叶茂源远流长的传统绘画艺术有机的组成部分。"

如此规模盛大的研讨会，杨仁恺还是第一次参加，当他走上主席台，环顾一下整个会场，台下三百多人鸦雀无声，六百多双眼睛注视着这位个子不高却红光满面，神采奕奕的中国学者……他甚至听到了自己的心跳和呼吸声，心中不由增添了几分紧张，因为这样的国际会议，有七八十岁的著名学者、专家，也有中青年教授、研究生，大家都是此道高手，深恐自己会出毛病，但他早有精神准备，去掉了"怕"字，定了定神，便开始用他那浓郁的四川口音娓娓而谈。他的报告引起了与会者们的广泛兴趣。报告结束，爆发的响彻整个会场的掌声经久不息，此刻的杨仁恺突然感受到做为一个中国学者的尊严。会后，有许多不同肤色的同行向他祝贺，尽管言语不通，也能以眸传递友谊。尤其是一些来自美国的妇女学者，心中蕴藏着对中国悠久文化的仰慕心情，特别是古代绘画艺术的魅力，更是深深地吸引着她们，当听到如此引人入胜的报告后，兴趣大发，连声对着杨仁恺喊，"甜"、"太甜了"，使他一时莫名其妙。经友人解释，美国妇女平常不轻易叫"甜"，除非有一桩愉快的事打动了她的心灵，拨动了心弦，否则绝对不可随便使用这个字的。

此次研讨会，杨仁恺的发言被安排在最后，但这却是整个大会压场的一出重头戏，一炮打响。使"杨仁恺"这个名字和他工作的"辽宁省博物馆"从此名扬四海。

这次访美，杨仁恺先后访问了克利弗兰艺术博物馆、美国国立美术馆、弗利尔艺术博物馆、波士顿艺术博物馆、哈佛大学福克博物馆、纽约大都会博物馆、旧金山亚洲博物馆等收藏中国书画极为丰富的博物馆。杨仁恺在参观中，并不是一般的走马观花，而是每到一处，东道主都要把那些存有分歧的古画拿出来和他共同探讨，交流各自的观点，而对于那些中青年学者更是高兴得到这难得的学习机会。这次访美，他也结识了许多有名的学者。诸如美国东方美术史研究的著名专家马克思·劳尔先生；原纳尔逊艺术博物馆馆长，对中国古建筑和古代绘画颇有研究的史克门先生；克利弗兰博物馆馆长谢尔门·李和纳尔逊·吴先生；美国加州大学著名中国美术史专家，著述颇丰的高居翰先生；弗利尔博物馆馆长，收藏颇丰的罗覃先生。还有美籍华人王己千、王方宇、李铸晋、方闻、何惠鉴、朱继荣、郭光远、傅申、吴同、黄君实等著名学者、名人以及张子宁、姜菲德等中青年学者，并结下了深厚友谊。

在离开美国之际，杨仁恺激情赋诗答谢友人：

（一）

只缘探胜过重洋，

故交新知情意长。

盛会鹅湖今又是，（鹅湖——在江西省，我国南宋理学家朱熹、吕祖

谦、陆九渊兄弟曾在此讲学，盛极一时）

鸿篇巨制各擅场。

（二）

我本东方客，

西来访群英。

伊湖风光好，（伊湖——美国五大名湖之一即伊利湖）

主人情意殷。

学术无国界，

艺苑感人深。

探源及流派，

百川竞相争。

继往为开来，

此道万古真。

（东西两半球，相去数万里，时隔八百年，历史上往往有相似之处，引起了杨仁恺的联想……）

一二五　1983年10月27日在日本京都国际美术史研究会上

3.甘愿做研究民族绘画艺术史的铺路石

1983年10月下旬,杨仁恺又出席了在日本京都举办的国际美术史研究会第二次讨论会。会上,他作了关于《辽代绘画艺术综述》的学术报告(图一二五)。在报告中,他从辽王朝的历史和文化、辽代绘画艺术的源和流,以及辽代绘画艺术当前研究领域有待商榷的几个问题入手,引用大量的文献、史料、考古发现资料,并对辽代寺院、墓葬壁画,建筑上的装饰画、佛教画、画像石浮雕,传世的卷轴画诸多方面综合分析,论证契丹民族绘画技法中的"源"与"流"的相互关系。他说:"源来自中原,具体是从唐、五代、北宋时期中原的汉族文化中汲取养料,这养料就叫为'源'(切勿当作生活源泉的源来解释)。至于'流'是指本民族根据自身的生活习惯、风格、情感等一系列精神上的东西,通过绘画艺术形式表达出来,用以感染别人。它既与中原同源,却不与中原同流,具有独自的风韵。""中华民族千万年以来,辛勤创造出来的光辉灿烂的文化,有如大江黄河,波涛滚滚。如果中间不纳入众多的分支、细流,其水源必然导致枯竭的厄运。"因此他急迫地呼吁,加强对少数民族历史文化绘画艺术的深入研究。他一再谦虚地说:"自己甘愿做为铺路的石板,做为一块垫脚石,就心满意足了。"

1978年辽宁省文化厅副厅长战力光在成都开会时,国家文物局局长王冶秋曾对他说:"你们辽宁的杨先生对历代书画是有很深的研究,是一位学识渊博的专家,他对辽墓出土的古画写的几篇文章,我都看过,写得好,有见解。"这是对杨仁恺的最客观、最公允的评价。

(四)对中国民族绘画传统的思索

1.刍议"文人画" 辨析"南北宗"

从20世纪50年代起,报刊、杂志上连续发表了许多关于讨论"文人画"这一专题的文章,引起了杨仁恺的关注。他逐篇仔细地阅读,又查阅了有关这方面的文献资料(图一二六)。感到尽管历史上对这个问题一些学者各持己见，但就其主要观点大体上还是一致的，可是愈到后来，他们之间的分歧就愈渐扩大，直至现代人在许多论点中，竟有大相径庭之处，这反映出对"文人画"随着时代的进展，人们头脑中存在的问题还是很多的。如对"文人画"的产生、发展过程及社会地位、历史作用等，三百多年一直争论不休。为了对整理我国民族绘画遗产，发展富有独特风格的传统艺术，起一点抛砖引玉的作用，他撰写了《"文人画"刍议兼论"书画同源"说》这篇文章。他以科学的观点、独出机杼的立论、翔实的文献资料，考证了"文人画"这一名词的来源及其发展过程。他指出在中国古代，重视文人、轻视画工的思想，从文献记载可以追查到北齐颜之推，他对画家刘岳与画工在一起作画认

为是蒙受了耻辱。这纯属于封建社会意识形态的产物，可是愈到后来，随着封建社会的推移，顽固的等级观念体现在一切意识形态领域之中，"文人画"思想就更加显得突出起来了。到了北宋，苏轼将"文人画"之名正式提出来。元代有了新发展，文人画基本上占了统治地位，但毕竟没有形成一个完整的理论体系，

一二六 杨仁恺认真查阅文献资料

更没有因此而各立门户，直到明代后期，董其昌才又给"文人画"赋予了新的内容，"籍资树之画派"，此后，各种不同的流派相互标榜、抗争着，评论文章也不断地著述着……

杨仁恺指出当前社会上对"文人画"的研究所存在的几种观点：认为"文人画"根本就不会存在过；为"文人画"框出一个定义，即画中带有文人之性质，文人之趣味，不再画中考究艺术上之功力；必须在画外看出许多文人之感想；对"文人画"这一名词看得过实，竟分出"文人""半文人"两类。他指出这些论点总的说来不是要把"文人画"的存在全部予以否定，就是肯定得太宽、太死了。不管从具体的历史情况出发，或是从方法论的角度出发，都容易使"文人画"这一概念为之混淆不清。他引用了鲁迅在《论"旧形式的采用"》一文中所明确提出的"文人画"就是一种画体，而且就是"写意画"的观点为证。又例举了北宋以来常见于文人题画诗中所出现的以"写"形容作画的实例，说明了文人画与写意画的实质相同。写意画正是民族绘画发展行程中文人画家所创的一种画体，它包括山水画、人物画、花鸟画。文人画的特点是"追求意境，不为格法所囿；着墨不多，却又富于变化；大都画于诗配合出现，讲求书法趣味"。由于文人画跳出"画"的圈子，专门从事"写意"，无疑要突破传统上某些约束，进一步追求"象外之旨"，这正是民族绘画发展中的一种新趋势，这与后来董其昌所标榜的"文人画"是了无相关的。古今以来，对"文人画"的历史作用、现实作用的评价，也是各不相同的。一种观点是全盘否定，认为"文人画"轻视内容，轻视反映生活，轻视技术锻炼，轻视劳动，而崇尚主观的意趣，崇尚笔墨形式的趣味。另一种观点是从各个方面强调"文人画"的优点，竟说成天衣无缝、十全十美。杨仁恺在文章中否定了上述的两种偏见，他认为"文人画是民族绘画历史进程中的必然产物，具有他本身的发展规律，从历史现象上看去最初仅仅是少数文人提倡于先，而效之者往往未必尽属文人，因此我们对文人画的一般概念不应该在'文人'两字上死做文章，更不应该在董其昌所改换过的文人画上去考虑问题"。"文人画"从它形成之时起，就以新的姿态登上了历史的舞台，给民族绘画灌入了新的血液，但是却存在着先天的缺陷，影响了它的发展。杨仁恺提倡："今天摆在我们面前的问题是必须通过具体的材料，用历史的新观点进行科学的分析，发扬它的以形传神的'象外之旨'的优良传统，同时也要指出它的不足之处，以利于今后针对画的改进，为现实作出有益的贡献。"

凡是研究中国绘画史的人一提起董其昌就会联想到"文人画"。因为他制造了一个所谓"文人画"的体系。而且又搬出"南北宗"来作为他"新说"的依据，将"文人画"概念糅入南北宗的理论中，从而成为董其昌绘画美学观的重要组成部分。此后人们对其功过是非的评价也就随着近四百年日换星移被披上了扑朔迷离的色彩了。杨仁恺在《"文人画"刍议兼论"书画同源"说》一文中明确指出了"南北宗"的实质，"董其昌主观地把我国民族绘画的发展凭空分成两个宗派，使之对立起来，进而肯定了'文人画'（南宗），贬低了他所认为的'北宗画'，他强调'文人画'才是'正宗'而'北宗'则'非吾曹所当学也'。其主旨是在区分文人画和非文人画两种不同的绘画美学观念和绘画风格。因为要理出各自的渊源，又因为他以禅喻画，所以将源头直溯唐代，而且是以史证论，用史去附会他的绘画美学观，不可避免地出现史实上的差错。"

董其昌一边不遗余力地抑"北"扬"南"，一边又对北派一些名家赞赏不已，结果是破绽百出。如以董其昌的鉴别能力和画史的修养来说，树立一个支撑他绘画美学观的重要论点而竟出现如此疏忽，自然是令人费解的，然而细细辨别，却能从中见到董其昌的用意，"醉翁之意不在酒。"

杨仁恺辩证地认为："批判'南北宗'说之无稽，应该说没有什么不可以的地方；如果因为推翻了'南北宗'，把历史上存在已久的文人画也一概予以否定，无异于泼脏水连同小孩一起倾倒出去，那就不大对头了。事实证明，文人画在民族绘画史上不仅长期存在过，而且它具有一定的影响，不好随意抹掉。"

2."书画同源异流"论

1973 年 1 月《文物》刊登了一篇突出 "书画同源"论点的文章，由于立说联系作品，观点明确，且言之成理，持之有故，有一定说服力，因而颇具代表性，激发起杨仁恺浓厚的兴趣。关于"书画同源"的说法，历史上有不少人讲过，而每当提及必与"文人画"联系起来，好似一对孪生子分解不开，它们之间到底是什么关系？却又无人把它说得透彻。杨仁恺认为要揭示这个问题，必须首先摸清它的历史发展脉络。他依据文献记载指出"书画同源"的论述，最早见于魏曹植的《画赞序》中，但只是属于表面上的形式立论，与后来明确无误地提出的"书画同源"之说存在本质上的差别。唐代张彦远在《历代名画记》一书中有意识地强调了"书画同源"说。唐宋时期的一些书画名家在诗文中赞美"画"都以"写"字代之，已经明确地看出"书画同源"的观点。直到南宋的赵希鹄一句话："（杨补之）学欧阳率更（询）楷书殆逼真，以其下笔劲利，故以之画梅。"才将"书画同源"说到关键上。此后"书画同源"说在元代得到进一步的引申和明确。此说也直接影响到明、清两代。直至晚清的画家兼理论家张式将"书画同源"又进一步发展到"书画合一"的观点。一千多年来这个问题为什么会引起士大夫阶层的如此重视？杨仁恺解释说："这中间就有个立场、观点和方法问题，用封建士大夫的立场、观点和方法，自然会得出上面的结论。"

我国的绘画在奴隶社会直到封建社会初期，为巫师、奴隶所擅。两汉、魏晋至隋唐，作画者仍称为"图工"或"画工"、"工匠"，他们处于社会最下层，被歧视，被压迫。如唐代阎立本父子奉帝王之命与画工们在一起作画犹如奇耻大辱，这足以证明封建社会等级观念的森严。

杨仁恺引用大量的考古材料如汉代出土的帛画、墓室壁画、敦煌壁画等来证明中国古代画工们的精湛绘艺，他们辛勤创造的辉煌业绩却从无人著述，历代文献都是对"文人画"进行讴歌。他在文章中写道："我国绘画艺术本来奠基于图工、画师的世世代代辛勤实践的积累，到头来他们的成就被埋没，落得个'粗野'、'庸俗'的恶名，这是很不公平的。""随着封建社会日趋腐朽，于是对文人画的腔调愈是突出，其中最为关键的一点，就是利用'书画同源'一说，作为他们的所谓理论根据。由于画工长期处于被压迫剥削的地位，穷困终身，哪有闲情坐下来吟咏和临池。""正与之相反，士大夫阶层竟抓住这个要害之论，说什么不懂书法，就不能作好画。'面目尘俗'无怪乎唐人张彦远在《历代名画记·论画六法》中早有'自古善画者，莫匪衣冠贵胄、逸士高人，振妙一时，传芳千祀，非闾阎鄙贱之所能为也'的论调。"接着杨仁恺又剖析了宋人郑刚中、明人李日华、清人布颜图等人著述，来证明"文人画"与"书画同源"说的关系根深蒂固，无法动摇。它是封建社会意识形态的产物，只要这个社会基础没有变，"书画同源"之说的传播就有它可靠的广阔市场。直至现在仍被一些人信而不疑，也是这种思想意识的渗透。

杨仁恺观点鲜明地指出："自从人类社会分化为阶级以后，世界上没有超阶级的统一的社会意识形态，又何况'书画同源'一说是文人画的理论基础，一系列的材料充分地揭示出问题的实质所在：封建士大夫画家为了区别于画工，不齿与他们为伍，单凭技巧又未必能胜过专业的画工，于是才从书法上做起文章来。这一着的确找得很是地方，由于画工们一生受压迫剥削，全凭专业糊口，当然不可能有工夫读书、写书，讲求书法。正因为如此，'书画同源'之说应运而生，从此把广大画工排斥在艺林之外。"

为了能把问题说清楚，不至于造成人们的错觉，杨仁恺又就文字、书法本身发展的过程进一步证实了最初阶段的文字与图形基本一致，说它是图画，确能表达出对象的若干特征，一望而知是什么样的事物；说它是文字，也确能表达人们一致的语言，作为社交的共同工具。但文字能全部担当起社交工具之时，它就自然而然地脱离开绘画，向各自的方向走去。书有八法，画有六法，其内涵各不相同，无法混淆。最后杨仁恺得出了自己的观点"书画本是同源而异流，这才是与历史客观现实相吻合的"。

3.一个不怕辩驳的人

50年代中期，在中国美术界曾经展开了一场激烈的学术争鸣，其焦点是当中国的传统绘画步入现代形态中，如何改革发展？也就是说如何继承民族绘画遗产和变革国画，使之成为现代人们所热爱的艺术的问题。

杨仁恺认识到这个问题涉及中国民族绘画的前途和命运，历史的责任感驱使他撰写文章进行争论。但是他投出的文稿却石沉大海，使他心急如火。于是给当时主持全国文联工作的周扬同志写了一封信，讲述了稿件被压的心情。接到信后，周扬立即用毛笔回复一封四页的长信，支持他学术问题应通过辩论来解决是非。杨仁恺备受鼓舞，于1955年夏天在文化部召开的全国文艺界大鸣大放的会议上申明了自己的观点，并要求美术界要遵循"百家争鸣"的方针，特别是从事理论工作的同志，不要从个人的灵感出发，要认真研读马列著作以及毛泽东的科学论点，结合当时美术创作的实际情况，多做独立思考，积极开展争论，以利于新中国美术事业的健康发展。

在当时的美术界，人们对中国画的特点，国画和西洋画的不同究竟在哪里，如何继承和发展中国画的问题认识不一。于是杨仁恺撰写了《王逊先生有关民族绘画问题若干观点之我见》、《关于民族绘画问题讨论中几个主要观点的再认识——对洪毅然诸先生若干论点的商榷》、《〈夏珪长江万里图〉一文说明了什么》，尽管当时在文章中的一些语词有些激动，但是他的一些观点及所提出的一些批评意见，乃是很有意义的。

50年代中，有人撰著一本《中国美术史》，在书中使用的作品绝大多数属于伪制之品，因之失去了科学性，尽管作者后来有所发现，再版时作了大量的修订，但修补也难改书本原来的面貌，杨仁恺认为研究中国美术史的前提，是所引用的书画作品必须首先求真，而书画鉴定则是艺术史研究的奠基。

对怎样研究民族古典绘画作品的问题，他强调研究方法是否正确，必然直接影响能否帮助人们对民族古典绘画遗产的透彻了解和正确地辨别其中的精华与糟粕。他指出一些人首先是搞不清楚什么是遗产,对中国古代绘画还分不清真赝、优劣,就去谈继承,是要误人子弟的。他引用郭沫若同志在《古代研究的自我批判》中的一段话:"无论作任何研究,材料的鉴别是最必要的基础阶段,材料不够,固然大成问题,而材料真伪或时代仍未规定清楚,那比缺乏材料还要更加危险。因为材料缺乏,顶多得不出结论而已,而材料不正确,便会得出错误的结论,这样的结论,比没有更为有害。"一语切中要害。杨仁恺提出应采用比较研究法来鉴定古代书画,这种方法不同于一般主观主义的望气派,也不同于只依靠前人的著录或者是某权威的一句话,作为判断依据的纯客观主义派。这个方法是根据作品与作品之间的参照比较,其中包括同人或同一时代的作品,也有虽不同时代,曾经彼此影响过的作品,也要考察作者时代总风格的倾向,作者一生中技巧上的演变和特点,这是主要的一方面。此外,如作品上的印章、款识、绢素、题跋、历代有关的著录等,也都在考察之列,必须一一比较,细致地分析之后,才可得出真赝的结论。

至于如何正确对待民族绘画传统技法和西洋画技法,一些人认为中国传统的民族绘画的技法,只能用以描写固定的客观的对象和表达定型的感情,是一种死方法,不如西洋画中的科学的写实技术是活方法。提倡用西洋画技法来取代中国传统的绘画技法,并认为这应是中国绘画今后的发展方向。杨仁恺与这种观点存在着根本的分歧。他认为世界各个民族都有自己的传统文化,绘画艺术是传统文化的重要组成部分,一些人不从在民族绘画固有的基础上发展传统技法,并克服它在表现新事物的欠缺上出发,却一味强调西洋画技术,这是不符合中国国情的。中国的传统绘画步入现代形态也是历史的必然,但这不意味全盘西化,而是伴随着时代的节拍涌入世界文明的浪潮中,给古老的艺术以新的活力。他提出:"艺术要有独创性,要有鲜明的时代特点和民族特点。中国的艺术既不能越搞越古,也不能越搞越洋化,应该越搞越带自己时代的特点和民族的特点。""民族绘画的真正改革,必须是在原有传统基础上发展,必须通过国画家本身的艺术实践。只有这样才能创作出具有中华民族气派和中华民族作风的新国画。

1980年杨仁恺应国际书店编辑的《中国古代书画图录》一书撰写《我国民族绘画艺术现实传统试探》一文,文章中他用书中所选刊的大量出土和传世的中国古代绘画艺术精品为例,说明中国绘画艺术是中华民族灿烂多彩的文化的重要组成部分,它具有鲜明的民族风格,富有深厚的现实艺术传统。他在文章中引用毛泽东的论述"我们必须继承一切优秀的文学艺术遗产,批判地吸收其中一切有益的东西,作为我们从此时此地的人民生活中的文学艺术原料创造作品时候的借鉴。有这个借鉴和没有这个借鉴是不同的,这里有文野之分、粗细之分、高低之分、快慢之分。所以我们决不可拒绝继承和借鉴古人和外国人,哪怕是封建阶级和资产阶级的东西。但是继承和借鉴决不可以变成替代自己的创造,这是决不能替代的"。这段精辟的论述一直成为杨仁恺的路标。

杨仁恺自50年代起在研究中国绘画艺术史、绘画理论中不是孤立地就艺术论艺术,几十年中他十分注重理论学习,注重实践经验的积累,注重接受新生事物,以历史唯物主义观点、辩证的思维方法、客观求实的态度去分析认识一切事务,包括他一生的书画研究鉴定工作。

第五章 人民鉴赏家

20世纪之末，是杨仁恺从事文博工作五十周年。半个世纪以来，他在中国古代书画鉴定、书画史论研究、书画创作、文博工作等方面造诣深厚，著述宏富，在海内外学术界享有很高的声望。辽宁省人民政府于2000年10月17日召开大会（图一二七），隆重授予杨仁恺"人民鉴赏家"光荣称号(图一二八)。以表彰他从事文博工作五十年来所取得的成绩和对文博、美术事业的发展所做出的重要贡献（图一二九），首开全国之风。辽宁省政府这一举措，不光是对杨仁恺本人的褒奖，也是对文博工作的重视

一二七　辽宁省人民政府授予杨仁恺"人民鉴赏家"称号大会

一二八　"人民鉴赏家"荣誉匾　图一二九　辽宁省人民政府文件

一三〇　辽宁省人民政府授予杨仁恺同志"人民鉴赏家"称号暨杨仁恺同志从事文博工作五十周年回顾展留影

和肯定。辽宁省博物馆同时举办了"杨仁恺同志从事文博工作五十年回顾展"(图一三〇)，并召开了座谈会。省里的领导和国内、省内文化艺术界知名人士出席了会议。大家畅谈了杨仁恺同志忠诚于党的文博事业，视事业如生命，勤奋耕耘，始终不渝的敬业精神；学而不厌、诲人不倦的高尚情操，是大家学习的榜样，年轻的一代要把以杨仁恺同志为杰出代表的老一代所开创的辽宁文博事业推向前进。

（一）八年征程数万里　阅尽书画六万卷

新中国成立之后，全国各省市纷纷建立了博物馆，收藏了许多古代书法绘画，为了中国美术史的研究工作，早在60年代初，文化部文物局组织了一个全国文物鉴定小组。由上海博物馆的谢稚柳、文物局文物处的张珩、天津市艺术馆韩慎先三人组成。他们从北京出发经天津、哈尔滨、长春、沈阳、大连，跨越四个省市，往返半年的时间。杨仁恺当时应邀参加了东北地区的鉴定工作。作为一个东道主，他为这次鉴定作了充分的准备，提供了各种方便，使鉴定组观摩了书画万余件，对一些传世名画进行了时代

一三一 1983年10月25日全国古代书画鉴定小组全体成员、文物局、文物出版社人员合影

上的确认，他也从中了解了除辽宁省博物馆之外的一些名迹及新奇之品。此后他曾多次参加北京文化界名人、名家组织的书画观赏、研究和鉴定等活动，使他心中掌握了更丰富的古代书画资料信息和鉴定的实践经验。

　　由于十年动乱使这次书画鉴定工作已然中辍。粉碎"四人帮"特别是党的十一届三中全会以后，各条战线都在进行全面的拨乱反正，恢复对全国进行书画鉴定的工作又重新提到议事日程上来。1983年4月国家文物局在北京召开了"全国古代书画巡回鉴定专家座谈会"，研究讨论如何在全国开展古代书画鉴定工作问题。当时的国务院副总理谷牧和中央书记处书记、中宣部部长邓力群同志非常关心支持这项工作，他们认为这是功在千秋的大好事。在会上正式成立了由七人组成的中国古代书画鉴定组（图一三一），成员都是著名的书画鉴定专家，具有很高的权威性。他们是：

　　谢稚柳：上海博物馆顾问、书画家、古代书画鉴定家。

　　启　功：北京师范大学教授、著名书法家、古代书画鉴定家。

　　徐邦达：北京故宫博物院研究员、古代书画鉴定家。

杨仁恺：辽宁省博物馆副馆长、古代书画鉴定家。

　　刘九庵：北京故宫博物院研究员、古代书画鉴定家。

　　傅熹年：中国建筑技术发展中心、建筑历史研究所高级建筑师，古代书画鉴定家。

　　谢辰生：文化部文物局顾问。

　　书画鉴定组由谢辰生代表文物局负责组织协调等行政工作，大家一致推举谢稚柳为召集人。会后以中宣部名义发布文件，将书画鉴定工作作为国家的一项任务下达，要求各省、市有关部门积极支持配合。

　　这次鉴定的目地是很明确的，一是清点考查全国各省市文物机关、博物馆、文物商店、文化馆、文化教育机关、各大院校及部分私人手中所藏古代书画的情况；二是协助各单位鉴定藏品的真伪、品定等级，从而更有利于文物的保护，为我国的美术研究工作提供丰富材料，提高其研究工作的科学性。通过这次鉴定还可以培养出一批中青年专业人员，建立书画鉴定队伍。经过书画鉴定组鉴定过的作品，将编印出《中国古代书画目录》，附有黑白图版的《中国古代书画图录》，其中稀世作品还将编印大型彩色图录。

　　这个鉴定组的成员平均年龄在七十五岁以上，他们在鉴定方面各有所长。谢稚柳则从书画艺术的本体，包括作品的意境、格调、笔法、墨法、造型、布局等特征入手，这是书画鉴定最直接的途径，是鉴定的筑基功夫。身为一个优秀的书画家，加上深厚的书画史论功底，即能以艺术鉴定解决问题。启功则以学问支撑鉴定，他对中国古典文学、文献学、目录学、版本学、考据学、历史学、音韵训诂、书法等方面均有很深的造诣。在鉴定过程中除依据历代书画著录外，还广取各种文献史料，他在运用学术研究的功底进行书画鉴定的理论和实践上具有举足轻重的地位。徐邦达则较多依靠专一的文献如历代书画著录进行细致的考证和分析，它在鉴定中运用一切材料：诸如题款、题跋、印章、纸、绢、绫、装潢形制等精心审视，决不允许"模糊性"，他将极其严谨的科学态度和方法运用到书画鉴

一三二　杨仁恺在香港中文大学谈书画鉴定之道(香港大公报)的报道

定中来,是他对书画鉴定的贡献。杨仁恺则更有他的书画鉴定之道(图一三二),他所提倡的"科学的比较研究法"不同于一般主观主义的望气派,也不同于只依靠前人的著录或是某权威的一句话作为判断依据的纯客观主义派,这个方法是根据作品与作品之间的参照比较,其中包括同一人或同一时代的作品,也有虽不同时代,曾经彼此影响过的作品。也要考察作者时代总风格的倾向,作者一生中技巧上的演变和特点,这是主要的一方面。此外如作品上的印章、款式、绢素、题跋、历代有关的著录等,也都在考察之列,必须一一比较、细致的分析之后,才可以得出真赝的结论。所以说这是一种复杂细致的工作。指导比较研究法的思想基础是辩证唯物论,从客观实际出发的认识论。由感性到理性,经过反复认识和推敲,从不认识到认识,从认识不多到认识较多,最后达到全部认识,起了一个质的飞跃,它完全符合辩证唯物论的规律。由于杨仁恺几十年来对中国历史、文化史、艺术史、美术史、书法史、绘画史一直潜心研究,造诣很深。又经过长期的实践,使他的经验更加丰富,知识更加广泛。对历史上各个朝代著名书

一三三　杨仁恺"谈古论今"专题讲座

画家生平及作品、历史背景、流传鉴别、著录印记、题跋等都能熟谙在心，加之他博学强记，聪敏的思维，将科学的态度和方法运用到书画鉴定中来，是他对书画鉴定的突出贡献（图一三三）。刘九庵和傅熹年二位先生也都各具自己独特的书画鉴定绝招，所以这几个诸葛亮凑到一块，铸就了中国古代书画鉴定的绝对权威。

杨仁恺作为鉴定组的一员，怀着神圣的使命感和责任感与

一三四　1984 年鉴定组在北京故宫

一三五　1985 年 6 月 12 日文物局领导宴请赴美考察归国的鉴定组成员，谷牧出席

诸位专家一道，从 1983 年下半年就从北京开始踏上征程（图一三四）。他们偕同文物出版社的编辑、出版人员和摄影师横贯大江南北（图一三五），穿越祖国东西（图一三六），行程数万里，历时八年整（图一三七、图一三八）。为了鉴定工作他们常常要离家半年或数月，巡回于各地奔波忙碌着（图一三九）。后来启功先生因为学校教学方面还有许多工作无法脱身，以及有些特殊的社会活动需要他出席，不可能参加每一期鉴定工作的全过程。事实上，重担更多地压在了谢稚柳的肩上。杨仁恺是谢老多年的好朋友又比谢老年轻五岁，在鉴定组中他总是自觉地遵守工作纪律。每期的工

一三六 1986年10月在南京博物院

一三七 1987年4月在浙江省博物馆杨仁恺题字。右边坐观者为西泠印社社长沙孟海先生

作一开始,他必先报到。
在工作中总是平和待人,
尽可能主动地承担一些
具体的工作,协调组内的
各种人事关系,他和谢稚
柳是鉴定组成员工作八
年中从未缺席过的人。

在鉴定中经常会碰
到意见不同的作品,大
家难免会争论一番。当

一三八 1987年4月樱花盛开季节,在浙江博物馆四人合影

意见无法统一时,每个人就把自己对作品的真伪结论记录下来,然后再作总结,留待历史来裁决。因此在观看作品的同时,记录就是一项十分重要的工作,对于年逾古稀的杨仁恺来说确实是件不易的事情。因为"文化大革命"期间他遭受迫害。在蹲牛棚的那段日子里,一只眼睛的视网膜被打至脱落,而造反派又不让及时就医诊治,致使视力急剧衰退,近乎失明。

一三九 1987年12月在天津艺术博物馆

一四〇　1988年6月在吉林省图书馆看善本书

如今长期离家在外，虽说宾馆的条件比较舒适，但毕竟不如自家生活方便。起居、洗濯全靠自己，给生活行动带来诸多不便，但是他从不声张。不顾眼疾劳累，每天白天和别人一样看画、记笔记不下百余件。晚上还要在灯光下坚持整理白天的记录，写下自己的鉴定收获和存留的疑问。有时为了一个疑惑，翻阅资料、典籍直至午夜，为的是在第二天发表自己的观点（图一四〇）。由于过度的用眼使他经常感觉自己的眼睛酸胀，疼痛难忍。他就做做眼睛按摩或是点点眼药水，用以缓解眼睛的疲劳，第二天照常工作。这样的困难，八年来他从未对同组的人说过一次，大家都认为杨老的身体最好。还是他们在上海鉴定书画时，笔者正在复旦大学读博物馆专业。课余时间常常跑到上海博物馆看他们鉴定书画，星期天就去延安饭店向老先生们讨求书画知识，于无意之中发现了杨老的秘密，感动之情至今犹存不忘。

1987年7月，鉴定小组巡回到辽宁。杨仁恺为了使在辽宁的工作顺利无阻，他一边参加外地的鉴定，一边着手安排家里做好各项准备工作。这期间他多次写信给博物馆的馆长和负责这项工作的保管部主任

（图一四一），介绍各省的鉴定工作经验。他在信中多次嘱咐："工作一定要细，不能有一点漏洞。"尤其是每天拿出的书画一定要科学地编排好目录，将每件作品的时代、作者、尺寸、质地在表格上填写清楚，以供专家用起来方便。外市、县送来的藏品也一定要安排好，不能让兄弟单位久等。因为在沈阳要呆一个多月的时间，又赶上酷暑季节。要让鉴定组的老先生们每天在鉴定的同时都能欣赏到几件稀世精品，减少他们的疲劳枯燥之感，又能调节他们的情趣。如何将馆藏书画好坏搭配得当，对于年轻缺乏经验的保管部主任和保管员来说，实在是一件令人头痛的工作。他们反复多次调换作品、安排日程，直到杨仁恺休假回沈亲自审定了厚

一四一　杨仁恺给保管部主任的信

一四二　1988年7月书画鉴定组在辽宁省博物馆鉴定

厚的一摞书画目录日程表为止。因此当书画鉴定组大队人马来沈工作时，他们看到的是热情周到的接待工作、井然有序的鉴定场面(图一四二)，使几位老专家深受感动。在离开沈阳前，欣然起笔为工作人员留下了许多书法、绘画，以资对大家的感谢和鼓励。

书画鉴定组历时八年，行程数万里。巡回鉴定遍及了二十五个省、市、自治区，对二零八个收藏单位和一部分私人藏品进行了鉴定。共过目古代书画六万一千多件，对国内保存的古代书画基本上摸清了家底，又解决了真迹和赝品辨别不清的问题，极大地推动了各省博物馆的业务建设。到1990年5月鉴定工作基本结束，已经出版了部分文字目录和图目，但是还有大部分没有出版，因此这几位老人还要把未完成的工作继续做下去。后来因为国家计划出版中国美术分类大全以及出版资金问题，直到1995年11月由文物出版社主持在北京达园宾馆召开了关于继续出版工作计划的会议。几位老专家同与会人员兴高采烈地研究讨论，并确定了美术分类大全绘画卷和书画鉴定图目出版计划的安排，杨仁恺又承担了新的编撰任

一四三　1990年5月国务院副总理谷牧在国谊宾馆宴请鉴定组成员

务。会议期间，国务院副总理谷牧和中宣部部长邓力群同志到会看望了几位老人，并在一起进行了座谈（图一四三）。会议开了三天，时间虽短，但问题解决得很顺利，大家都非常愉快，特意在达园宾馆院子里一起照了相。这是八年来中央书画鉴定组七人惟一的一次合影。这项工作时间之长久、工程量之浩大、任务之艰巨、成果之丰硕，可以说是中国文物保护史上的一次空前壮举，是一项历史性的重大基础工程，对整个文物事业的发展，都将会产生深远的积极影响。

（二）鉴定学本身是为了服务社会

改革开放以来，爱好书画的人和书画收藏家越来越多。杨仁恺是著名的书画鉴定家，登门求教的人络绎不绝。有的请他为自己收藏的书画鉴定，有的请教书画鉴定知识，有的向他拜师求艺。不管是省内的，还是省外的，或是港澳台地区的，他都热情接待。他认为在这些书画中赝品居多，绝少真品。有一些收藏爱好者倾其多年积蓄买到手的不过是一张废纸。那些偷盗国家文物和制造书画赝品的坏蛋真是祸国殃民，坑人不浅，危害极大，抓住了就应严惩不贷。他不仅帮助评论鉴定书画，也传授书画知识和经验（图一四四）。特别是对那些青年书画家和爱好者更是关怀备至，提携有佳。他这种平易近人的风度、诲人不倦的品格，也赢得了人们的敬佩与赞誉。不仅如此，他还不断地应邀到全国各地（图一四五）以及国外参加书画展览会、鉴定会和学术讨

一四四　1995年2月15日在新加坡杨仁恺与关宝琮在"鉴赏与收藏经验谈"会上

一四五　2002年12月4日杨仁恺在北京中贸圣佳书画拍卖会上

论会（图一四六），名声响誉中外。

1.为香港、澳门回归尽自己的一份力

　　1991年5月份，杨仁恺应香港中文大学中国文化研究所的邀请，赴港作《中国古代书画鉴定中的有关问题》的学术讲演（图一四七）。他向与会听众介绍了鉴定书画的方法和经验。他告诫年轻人学习鉴定要想具备敏锐的鉴别眼光，就一定要：一靠广泛的历史和文学知识，二靠对美术史的深入理解，三靠博闻强记，四靠阅览大量真作品。一句话，就是要有清晰的学识和实践经验。采用多看、多问、多听的"三多"

一四六　1993年6月26日杨仁恺在日本东京国立博物馆学术讨论会上讲话

一四七 1991年5月3日应香港中文大学中国文化研究所邀请学术讲演期间与利荣森、高美庆在利园留影

一四八 1998年11月18日应澳门市政厅邀请，杨仁恺为澳门艺术馆鉴定书画

学习方法，终归能掌握书画鉴定这门科学。在报告中他举出一些典型事例，生动而又深入浅出地讲演，博得了台下听众经久不息的掌声。

1998年11月中旬，杨仁恺应澳门市政厅邀请，赴澳门为筹备中的澳门艺术馆进行书画鉴定工作，这是澳门回归前文化工作中的一件大事。艺术馆筹备处的两位年轻人工作态度十分认真，他们事先制好表格，在鉴定每件作品时都要填好。名章、作者、年代、质地及鉴定意见不能缺项。杨仁恺和同去的助手一边看画，一边登记（图一四八），工作任务量相当大。第一天从下午三点开始工作，三个小时就看了四十多件，全部是明清，主要是广东地方画家的作品，大都属于真迹。他对此很感兴趣，第二天又鉴定了一百二十余件。其中有广东地方名画家苏六朋早、中、晚期的作品，相当精好，个性很强。杨仁恺高兴地说："我过去对此人的作品以为是不怎么了不起的画家，实则不然，当另眼相看。"在澳门仅五天的时间，他忙得甚至连水都顾不上喝，中午都不休息睡觉。共过目书画三百余件，并认真地填表和签名。此行虽然很苦，但杨仁恺却很自慰，因为毕竟他为澳门的回归尽了自己的一份力（图一四九）。

一四九　1998 年 11 月 23 日，杨仁恺在广州美术馆鉴定书画

一五〇　杨仁恺赴温州在红楼画廊讲书画鉴定（报道）

2.我来是为民间收藏家服务的

1999 年初他应温州市美术学院和红楼画廊的邀请，去做一次有关书画鉴定的普及讲座，并以红楼画廊藏画为实例进行现场鉴定示范讲习（图一五〇）。主人准备了宽大的画案和舒适

一五一　杨仁恺、冯其庸参加刘海粟百岁庆典时在延安饭店留影

的座椅，他却执意站着看画讲解。一张张画被展开，他从作者的身世、师承关系、笔墨特征等方面一一分析，谈锋甚健。逢画幅较大时，他还绕着画案走。约莫一个多小时，看了二十多张。主人有些过意不去，劝他坐下慢慢地看。但他还是说看画就要站着看，已经习惯了。

在红楼画廊鉴定书画时，主人们发现当一张张名画被展开时，几乎不用多看，他就能辨认出真伪。一幅林则徐的书法立轴只展开一半时他就说："不大对头。"当鉴定林风眠的《悠然观云图》时，主人斗胆提出，会不会是赝品的几个疑点。但杨仁恺却说："是真的，别人画不出这样的线条。"在这方面著名红学家冯其庸先生也有切身体会（图一五一），他在一篇文章中曾写道："我尝从杨老游，观其鉴定书画，往往只需展开数尺或三分之一，即能识其真伪优劣，所作题识更是援笔立就，不假思索，非不思索也，而是杨老目力所及，早已成竹在胸也。此种本领是他深厚的学识和数十年的实践经验的综合。所以杨老又不仅仅是一位大学问家、大研究家，而且还是一位实际经验非常丰富、目光如炬的书画鉴定大家。"

2000 年 10 月份，杨仁恺应邀去杭州出席一个画廊的画展开幕活动。这个画展是杭州市博览会的一个重要活动项目。他到现场看了一遍展出的书画作品，感到整个展览并无佳作。而承办方已事先安排了新闻媒体采访，准备会后发布新闻报道。这些安排事先并未和他商量，他感到整个活动中生意经极浓。他回忆说："把我当成摇钱树，为他们赚钱，我当时表示了极大的反感。并郑重地转告承办方一定要改换方式。我要在接待记者采访时说明事实，不然就离开会场。我不能被利用，这与人格有关。"当时还有几家来求鉴定，一些记者围着采访摄影。他毫不客气地向记者讲明了此行的目的，是为民间收藏家服务的。为发现民间所藏书画精品，不因无人识别而被淹没、毁损或流失。

在求鉴定书画的人中，有一位西泠印社的装裱师傅，拿来一件大中堂。绢本设色，是明吴门四家及子弟门生合作的山水人物图。上有同时明

一五二　2002年1月赴台出版《中国书画鉴定学稿》（报道）

鉴藏家史鉴（明古）的长题，说明了此图合作的经过，前后数十年始成。是这位师傅在西泠印社工作时，从一位画家手中得来。原来未装裱，折叠在一起无法展开，故不知其内容，就送给他了。后来由他的高超技术将画打开，裱成中堂，诚乃奇迹。杨仁恺观后兴致油然而起，特意为之题长跋于画幅装裱之顶部，并拍照留影，杨仁恺认为这才是此程难得的收获。

3. 真正的鉴定家来了

2002年1月中旬，杨仁恺应台湾兰台出版社之邀请赴台北参加《中国书画鉴定学稿》繁体字版在台湾的出版发行式（图一五二）。同时又应台北何创时书法艺术基金会的邀请，在何创时书艺馆举办两场中国书画鉴定研习会（图一五三）。此次书画研习有别于一般皆以幻灯片解说的方式。该基金会一方面展出馆藏精品，另一方面提供名家如八大山人、郑板桥、陈继儒、陈洪绶、近代帖学名家沈尹默、丰子恺、于右任等人的真伪作品并陈，相互对照。这些赝品中有全仿、有真伪各半⋯⋯都是何创时基金会董事长何国庆十多年收藏水墨入门时所缴的"学费"。也有明知是伪作，却也购藏，以方便研究、对比之用，他极乐意提供个人的收藏经验供大家参考。

前来参加研习会的听众有专研书法艺术史的前立委朱惠良、书画界知名人士傅申、张光宾、徐小虎及一些收藏家、古董业者，还有一些学习艺术史的研究生，大家都认为杨仁恺这样有名望的大鉴定家难得来台访问，能聆听他的书画鉴定讲座是极大的幸运。这位鹤发童颜的八旬老人看到爆满听众，兴致勃勃地大谈中国书画鉴定之说，并坦诚地让大家多提问题，

何創時書法藝術基金會

北市金山南路二段二二二號
電話：2393-9899 2395-2698
開放時間：10:00-17:00

楊仁愷教授訪台新聞稿　2002/1/16

著名的博物館學家、書畫家、書畫鑑定名家楊仁愷教授，應蘭臺出版社之邀策於16日下午抵台。楊教授此行除發表著作《中國書畫鑑定學稿》外，並將於元月 19、20 日在何創時書藝館舉辦兩場中國書畫鑑定研習。

楊仁愷先生，現年八十八歲，現任遼寧省博物館名譽館長，數拾年來，以其多年擔任博物館的經歷，孜孜不倦於古文物的鑑定、徵集、登記，浸淫理論，綜攬實務，眼炅重寶，洞察精微，著作等身，撰寫論文逾百篇；與啟功、謝稚柳、劉九庵、徐邦達先生同為中國大陸古書畫鑑定小組的成員，80 年代起，對中國各博物館、圖書館、學院、文物館所藏書畫鑑定真偽達六萬餘件，編印出版文字圖目，歷時8年。

此行於何創時書藝館所舉辦的書畫研習，有別於一般皆以幻燈片解說的方式，該基金會一方面展出館藏精品，另一方面提供名家如八大山人、鄭板橋、陳繼儒、陳洪綬、近代帖學名家沈尹默，豐子愷、于右任之真偽作品並陳，這些贋品有全仿、有真，偽各半⋯⋯都是何創時基金會董事長何國慶十多年前收藏水墨入門時所繳的「學費」，也有明知是偽作，卻也購藏以方便「做功課」用；他極樂意提供個人的收藏經驗供大家參考。

19、20 兩天研習的內容，下午為綜論中國書畫之鑑定、裝潢、著錄晚上談中國書畫鑑定實務–由作偽而辨偽，名家現身說法，精彩可期。

新聞聯絡：連艾華 2395-2698　#0936-556 508

一五三　2002 年 1 月在何创时讲座的新闻稿

2002年1月中旬，著名书画鉴赏家杨仁恺先生首次赴台访问，文坛奇才李敖先生早就在他的节目中告诉大家："真正的鉴赏家来了！明天我要去听他的课！"……于是，这两位名家为文坛留下一段佳话……

杨仁恺为李敖
鉴定书画藏品
——著名书画艺术鉴赏家杨仁恺先生台湾行散记

雷春光

杨老讲演席间
专家交流经验

2002年1月17日、18日，何创时书艺馆在台湾基隆界知名人士傅申、徐小虎、朱惠良以及众多知爱好者荟萃一堂，一如江湖的行家……。喜欢辨伪鉴赏、有爱艺术收藏的知者，已是88岁的杨仁恺老先生恒恒因讲，鉴定学术不愧为众口服。中国历代山水、美术、书法作品的设计与考评不仅限于历史价值……

杨老与李敖
两岸大师相见欢

李敖先生是台湾著名学者、杂文家……

李敖的杨老与信说：……

李敖

二〇〇二年一月廿日
在中国台湾

一五四　杨仁恺为李敖鉴定书画的报道

共同探讨。由于台下许多听众都是有备而来，提出的问题既专业又各种各样。杨仁恺结合展出的书画为例，耐心地为听众讲解辨伪的方法、收藏的标准，专家的现身说教深受与会者的欢迎。由于对书画艺术的热爱，将海峡两岸人们之间的距离一下子拉近了。对于还处在"交学费"阶段的收藏入门者来说，书画鉴定仍是莫测难懂。晚上杨仁恺爽快地答应为大家亲自鉴定一番，有个学者立即返回家中取自己的心爱宝贝书画回现场。在众人的围观下，五幅字画一一展开。其中有清代黄鼎、袁江以及明代徐渭等名家的山水、花卉、侍女等题材的古画。"这幅画一看就知道是假的"，"这幅是摹本"，"这是民间画师的作品，与原件差得太远了"，"这幅原件在北京故宫"，五幅书画一时成了最佳的活教材。

李敖先生是台湾著名学者、大作家，他精通文史，雅好收藏。早在几年前就与杨仁恺有过电话交往，互通书信探讨问题，此次能在台北相见十分高兴（图一五四）。在欢迎宴会上，杨仁恺频频夸赞李敖学识广博，李

一五五 杨仁恺与李敖的合影

敖也对这位大鉴赏家的谦虚与亲和敬佩不已。两位分别在书画和文学领域各领风骚的大师级人物，在艺术、文物的牵系下，于谈笑中自然地散发着中华赤子的情怀（图一五五）。李敖十分佩服杨仁恺鉴定书画真伪的功夫，头一天晚上就在他做的节目中广为传扬："真正的鉴定家来了，明天我要去听他的课。"当晚何创时基金会顿时增加了许多询问和报名的电话。李敖拿出自己收藏的《伯夷颂》和《朱耷画册》请杨仁恺辨别真伪。《伯夷颂》是唐代大文学家韩愈的作品，北宋时期的范仲淹书为墨迹。杨仁恺发现文章中出现的两处"殷商"的"殷"字都缺了一笔，就指出这可能是避讳的原因。经过这般提醒，李敖回去查阅《宋史》，果然查出宋太祖赵匡胤的父亲名"弘殷"，正是文中避讳所致。李敖称赞杨老评断古人墨迹真伪，从避讳着手真是高明。事后李敖给杨老写信说：

仁恺先生前辈：

　　泛海之余，快慰平生，两日内连续受教，感佩莫名。今早亲睹先生鉴定范文正书《伯夷颂》，先生心细如丝，查出颂中"当殷之亡"及"殷既减矣"二句中"殷"字皆有缺笔，当是避讳。范文正死后九百五十年，他的手迹得先生一言以显其真，绝无可疑，今古佳话，士林同钦，可谓先生贺，特写此信驰报，并请

午安　　　　　　　　　　李　敖

二○○二年一月二十日午

在中国台湾

2002年12月末，年近九旬的长者头脑还是那么清晰，步履还是那么稳健，声音还是那么铿锵有力，他再次应邀访美。在洛杉矶美中收藏家协会为他召开了一次欢迎会（图一五六），并授予他荣誉证书。盛况感人，他说这种规模集会和荣誉对他还属首次。会后又为他举办了两场书画鉴定讲演会，给此地书画收藏家和书画爱好人士很大的启示。他建议收藏家们在看书画时，首先要求认真，多认识真的，才能辨别真伪。他认为宋代以上的书画假的很少。但到了明代，就开始多了起来。近代书画伪作就

一五六　2002年12月美国洛杉矶报纸登载杨仁恺访美的消息

一五七　杨仁恺在鉴定书画

更是层出不穷。所以看东西多用心、多对比、多看几次，才会减少看走眼的机会（图一五七）。

杨仁恺正式从业余迈进专业，一晃就是半个世纪过去了。几十年来他豁达进取，安贫乐业。问他有没有后悔入了鉴定书画这一行，杨仁恺的回答是肯定的："决不后悔，如果还有来生的话，我还愿意干这一行。"

（三）真知灼见著"学稿"

中国书画鉴定从魏晋南北朝到唐宋元明清走过了一千多年的历程，在书画鉴定史上留下了一串串闪光的名字。南朝虞和、陶弘景，唐代虞世南、褚遂良、薛稷、王方庆、宋代米芾、王诜、邓椿，元代赵孟頫、柯九思、鲜于枢、郭天锡，明代文徵明、项元汴、董其昌，清代梁清标、安歧、高士奇、孙承泽都是称誉一时的高手。古代鉴定家有一个共同的特点，就是经验丰富、目力过人，而本人多为书画高手。但所遗著录对书法、名画的笔法、墨法、风格等均未能作详尽地分析，总停留在经验上，缺乏科学性、系统性。新中国建立后，张珩《怎样鉴定书画》的发表，首次提出以时代风格和个人风格作为书画鉴定的主要依据。册子虽小，意义却是巨大的。他给书画鉴定界开启了系统研究的先例。继之而起的谢稚柳、徐邦达、启功、杨仁恺等先生致力于书画鉴定的研究。他们各有所长，各具特色，著书立说，硕果累累。

在这几位鉴定家中，杨仁恺又独享辽宁省政府赋予的"人民鉴赏家"的地位和荣誉，这首先是建立在他渊博的知识学问和深厚的学术研究基础上的。我国著名学者、原复旦大学中文系教授、著名书法家王遽常先生（图

一五八 图一五九）生前在1988年2月撰《记杨仁恺先生》，文曰："严沧浪论诗谓，唐大历前后及宋人各有一副言语，如此见方许，其具只眼于鉴定书画金石，尤应知此，盖古人所作各有一时风裁与神彩，往往在牝牡骊黄之外，不能伪为，唯有高识者能灼见之。夫以一人之目平亭百世之作，或真或赝，或精或粗，不能逃其一睐，亦天下之至奇也。我于今世得一人焉，曰：杨仁恺先生，先生蜀人，得山川之助，早岁即喜猎乡里冷摊，及长游京师，浏览于海王村厂肆，所猎更夥颐沉沉，遍四部，而于书画金石尤多，人或称四库学士，先生自谦以为

一五八　王遽常先生写给杨仁恺的书信

一五九　1996年10月13日杨仁恺（右二）、冯其庸（右三）、王兴孙（左二）、孙坚（右一）、王运天（左一）拜谒于王遽常教授墓前

仅及初桄而已。""先生即淖及书画之理致，进而鉴定古书画，尤于古画，全以神遇。尝谓初熟于画史，即一一寻其根源，并前后藏家，然后察其结构笔意钤印与夫纸帛之年代，则百不失一矣。人见其一若望气而知，而不知其淬砺目力，盖数十年之久也。"（图一六〇）这里"熟于画史"，"一一寻其根源"就是一项艰苦的研究工作。他的"淬砺目力，盖数十年之久"，也就是从艰苦而深刻的研究中锻炼出来的识力。在五十多年的书画鉴定工作中，杨仁恺不仅总结出一套理论和体系，而且是多年实践不断认识的有效理论。书画鉴定本身属于社会学的范畴，它是科学，有轨迹可寻。在中国书画鉴定这一领域中，如何克服几千年的传统方法即"望气派"和"著录派"的各自种种弊端，而使之成为一种真正的书画鉴定科学，这是最为重要的课题。鉴定学是否能从美术史学科脱颖而出，并成为一门独立学科，这在中国乃至世界范围内都是一个亟待思考的问题（图一六一）。

从20世纪90年代起，他凭借着"看尽国宝沉浮，过眼书画万卷"所掌握的第一手资料和丰富的鉴定经验，历经五年多的时间又撰写付梓了有五十八万字，附六百余张照片的鸿篇巨著《中国书画鉴定学稿》（图一六二）。这部著作共分九章十节及附录，开章从论述中国书画鉴定的历史、历代书画鉴定使用的方法、书画鉴定学形成的过程、构成书画客观存在的诸般条件入手，强调了书画鉴定这门学科所担负的职能和现实意义。即鉴定

一六〇 1988年10月，杨仁恺造访明两庐与王遽常先生亲切交谈

一六一 1988 年 1 月于上海延安饭店王遽常、杨仁恺、王运天合影

学作为必要的科学手段，对历代书画作品重新加以鉴别，分清真赝，列出等级，探究书画艺术作品本身的内在实质。就像建筑艺术大厦一样，书画鉴定学就是地基。艺术品首先要求"真"，为中国美术史的研究提供结实的砖瓦建筑材料，打下坚固的基础。接下又详尽地分析了历代书画作伪的种种手段及构成研究鉴定史的重要资料。如历代公私鉴藏所用钤押印记及所附的跋文、题署、观款、历代文献著录、书画所用纸绢、笔墨及装潢等多方面特征。指出鉴定的原则不仅仅是传统的职业道德意义上的公正，而是进一步发展为科学意义上的严谨和法律意义上的公正，在进一步发展为科学意义上的严谨和法律意义上的合法和责任，不断地总结已有的研究成果，使之系统化，已成为一种普遍的认识，这是对鉴定学严肃而科学的态度。在鉴定方法上，书中总结了前人千年的认识和积累的经验，提出科学比较研究法。认为不能只凭经验，随意对比便下判断。科学注重实事求是，一切从掌握根据出发。即以第一手材料为依据，是对某个时代、某派书家的时代风格、个人风格及印章、纸绢、题跋、著录、收藏、装潢等进行统一综合研究对比、考察分析。

这部著作涉及广博的历史知识，体现了杨仁恺在社会学、考古学、民俗学、版本学、古典文学、美学、哲学、心理学、色彩学以及美术史、版画史、印刷史等诸多领域的深厚学养。书中指出的在鉴定书画真伪中涉及的诸多要素及其精确的立论，注入了历史的思辨，所以是透彻的。注入了哲学的思辨，所以是深刻的。整部著作是以认识论和实践论为灵魂，它标志着传统书画鉴定方法向现代实证科学方法的转变，使书画鉴定成为一门可以依据有关理论学习和掌握的学科。这部著作为后人留下了足够的经验用以借鉴，这是他对中国书画鉴定研究所作出的具有创新意义的贡献。

在书的第九章中，他将近年引起真伪激辩的唐人《簪花仕女图》、隋展子虔《游春图》、北宋张先《十咏图》、李成《茂林远岫图》等十件作品例举出来，文中并未多作考辨。他认为鉴定古字画不要太武断，总要留些后路，不断讨论才有意思，有时真伪问题还是让历史去决定吧！书中写道："时至今日，鉴定工作的标准还是难以量化，在对同一问题（如同一风格）的认识上往往带有鉴定人的主观成分，这种差异就造成对同一问题的认识有本质的不同。故而在大家各抒己见时，往往意见难以统一。""本章内容将围绕近几十年来美术史学界对几件重要书画作品的研究讨论，就观点分歧之处作一简单的综述，因而增加对这些问题的思考和关注，无论

一六二　《中国书画鉴定学稿》辽海出版社和台湾兰台出版社两种版本和获奖证书

一六三　杨仁恺同志证书

对书画鉴定学，还是对艺术史的研究都是大有裨益的。"真乃恰到好处，给读者以兴趣无穷，余意未尽之感。

杨仁恺是个很有自知之明的人，他知道作为中国书画鉴定学成为一个完整的学科体系，其内涵浩如烟海。涉及书画鉴定发展史学（包括鉴定家、鉴定理论）的研究；书画鉴定学与相关学科的研究；书画鉴定家境界（包括鉴定心理学）的研究等诸多方面，因此将书名定为《中国书画鉴定学稿》。他说："我的这本书稿只能是一块引玉之砖，即使没有起到丝毫作用，但余愿已足。岂有他哉！"

这部雅达广博、文思敏壮的巨著于2000年10月，由辽海出版社出版发行后（图一六三～一六四），在海内外学术界引起了强烈的反响。2002年1月台湾兰台出版社又将此书以繁体字版再次发行，行销世界各地。他为海峡两岸文化交流搭起一座彩桥，成为弘扬中华五千年文明的天使，飞遍五洲四海。

一六四　杨仁恺同志学术研讨会暨《中国书画鉴定学稿》首发式

第六章 情深似海

（一）翰墨情缘

1. 书如其人

杨仁恺的书法艺术成就，功力之深，造诣之高，名声之迄，在当代中国书坛虽不称为大家，确实是一位拔萃者，若细论其书艺风格、技巧、气韵，绝非短言浅论所能及。惟有上海著名的学者、诗人、大书法家、上海复旦大学教授王遽常先生1988年撰《记杨仁恺先生》一文中评其书法曰："……先生于书初嗜苏长公，喜《西楼帖》，后上及《石门颂》、《龙门二十品》，复合汉碑晋帖为一冶，凡数十年所造益雄奇。"王老所论确是的评。

几十年来，向杨仁恺求教书艺，索求墨迹的人络绎不绝，许多人通过和他的接触，才了解到他的书艺之精深。然而在国内外各种新闻媒体中，在各种社会活动中，多以它的书画鉴定而闻名，而淹没了他还是一个大书法家的声望。曾经有记者采访，问他的书法师从何人？他总是谦虚地自谓："我喜爱书法，却没有临池功夫，浅尝辄止，始终徘徊于书苑的门限之外。""我不娴于书法，只是年轻时下过一点功夫，50年代以来由于搞文博业务，对古今书画接触较多，后来在国内外常有机会看到些珍品，只不过眼高手低，书法不能入流。""惟进入80年代，受命办理全国第一届书展，受到一些熏陶，又挂上一点名义。于是有人错觉地说我也是一个书法家，的确是大错特错的误会！我只能承认为大家作一些服务工作，不敢以书家自许，所谓'文如其人，书如其人'这是衡量每个人是否真正成为书法家的惟一标准，很惭愧我没有信心作此妄想，由于水平有限，勉力以赴，还望书界人士对我予以谅解是幸。"这真是"文如其人"的谦谦君子，令人敬佩不已。

杨仁恺自30年代在四川成都和重庆的中学教书时，就与古代书画情丝绵绵，在研习历代书法、篆刻知识方面，曾有姚石倩、商衍鎏两位德高望重的先生开导，从中获得要领。

姚石倩先生精于书画，尤擅篆刻，没有什么架子，平易近人。年轻的杨仁恺常去他家做客，请求讲述书法、篆刻学问。老人很喜爱他的刨根问底、虚心求教的精神。于是循循诱导，在潜移默化中获得许多有益的知识。他还非常喜欢看老人家治印，老先生也非常高兴地为他治"杨氏"朱文"和溪遗民"白文两方印章，那刻刀如风的纯熟技法，使他如痴似醉。此后几十年中，颠沛流离，杨仁恺一直将这两方印珍藏在身边，以此追念恩师，鞭策自己。有时在迫不得已的情况下才为人书画偶而钤用。

杨仁恺在重庆与商衍鎏老先生"躬侍左右，为之磨墨伸纸"。老先生那端秀可喜的书法也使他从中深受熏染。尤其是沈尹默先生在重庆任监察委员期间，通过谢无量和谢稚柳的关系认识了杨仁恺，以后相互交往甚密。这个时期，沈氏书法在深得晋唐人书帖、碑版流风逸韵的基础上，进一步融会百家，风格日趋成熟。无疑是当时相当新鲜的书坛举动与书学意识，给年轻的杨仁恺很大的影响。沈老见杨仁恺求学心切，悟性过人，十分欣赏。于是在八法理论和实践上给他奠定了坚实的基础。在重庆的几年中，周围有这样多的大书法家朝夕与之，论书作书，杨仁恺焉能不大受影响。他虽无意成为书法家，岂料已在书家中矣。

在学习书法的过程中，更重要的是读书，修养。不读书，没有历史文学修养，写不好字。即使写出字来，也没有内涵。因此杨仁恺的青年时代也是刻苦熟读经书、典籍的时期，除四书五经、诸类古籍、历代书论之外，《四库全书总目提要》、《书目答问》也熟读在心，他从中懂得了治学必通目录学的道理，他为自己奠基了文史、诗词、古今书学理论、目录版本诸学科领域的深厚底蕴。至于写字的具体经验，杨仁恺认为："前人的著作，汗牛充栋，任凭自己去体验，融会贯通，自有心得。不过我还认为懂得一点唯物辩证法，对书法不无好处。如果能够运用它，可以帮助我们少走许多弯路，而且加深认识能力。"正是由于这种思想方法的指导，他对八法追求的兴趣日浓，临池尤为勤奋。他在临池过程中已逐渐融合碑和帖的路

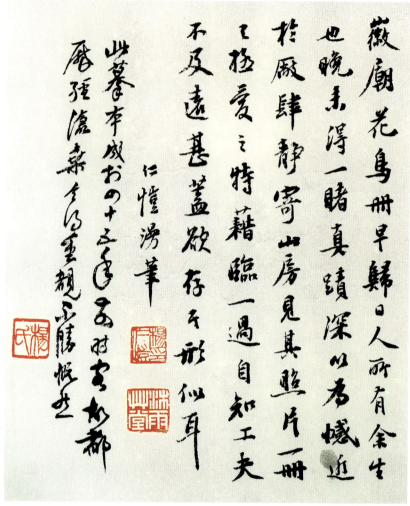

一六五　《徽庙花鸟册》跋文

数，从中潜移默化，渗透本身的素养。包括才智和功力在内，由博而约，正是他的可贵之处。他在 40 年代的临池之作，有冯其庸先生精辟评语："我看杨老所摹《徽庙花鸟册》所作的跋（图一六五），初一展卷，宛若东坡手笔，可说是形神俱似，夫世之学东坡者，学其《天际乌云帖》者有之，学其《赤壁赋》者有之，皆于字体偏肥处求之，虽可形似，终嫌板刻，而杨老所书，端静沉着，流利洒脱，一似东坡书简。其所作'竹西'两篆书，

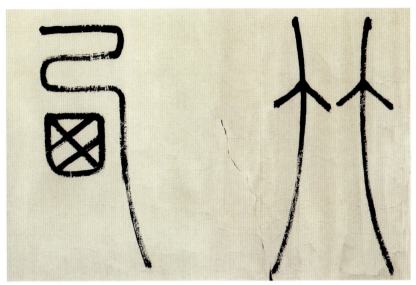

一六六　杨仁恺篆书"竹西"二字

真从李阳冰来，其挺拔秀劲而又超逸有书卷气，非胸中有诗书者，不可能有此。"（图一六六）

50年代初，杨仁恺来到东北沈阳，投身于百废待兴的博物馆建设事业中，又奔波忙碌于清宫散佚书画的归复与研究工作中，使他无暇真正深入传统，只能以常人少见的毅力，一心一意取法晋唐风韵，毫无疑问，在杨仁恺的书法生涯中是非常有益，而且是至关重要的。

60年代初，杨仁恺得到一部上海影印的《宝晋斋法帖》，这是目前传世最完整、最珍贵的版本。他爱不释手，用心临写出7.6米的长卷（图一六七）。在临写中，他得悟其王门书法形体结构之妙，墨色变化之雅，用笔轻重徐疾之丰富。在临写中，他腕下力足，点画遒劲，结字凝重，用笔丰腴跌宕，尤其是那痛快淋漓、铁画银钩，字间虽然连属不多，但却有"一笔书"的献之风格跃于纸上。杨仁恺在临帖，不断地学习探索王氏一门书翰。尤其是草书的特点，以便触类旁通。他为辽宁省博物馆临摹的《万岁通天帖》就是用钩填法把笔画的细微之处都如实地再现出来。可以说是达到了一种极致状态。这期间他曾根据河南省寄赠的《袁安碑》拓片，认

一六七　杨仁恺临宝晋斋帖

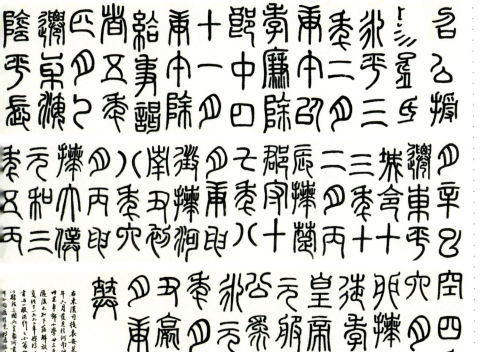

一六八 杨仁恺临袁安帖

真临写。他感觉到"此碑文字用篆书，与一般流行之小篆微异，运笔参以隶法。三国吴皇象所书之《天发神谶碑》正渊源于是"。原碑的笔势瘦劲，结体宽博的风格都体现在临本之中（图一六八）。

在临池中去探求渊源，品味风格，如果没有他对《石门颂》、《龙门二十品》诸汉晋碑版的浸淫，其作品的风格特征与审美意蕴是无法奔赴他的笔下的。如果没有他那深厚的笔墨功夫，是不能在他日后的作品中如此游刃有余的。

至于对继承传统与创新的关系，杨仁恺说："对传统笔墨应先求其似，后得其变，中间自然要有一个过程。如果学问和基本功夫达不到要求，想创新便无从谈起，甚至可能走向反面，以至终身难脱粗俗之气，宋代大书家黄庭坚说：'世上学尽兰亭面，欲换凡骨无金丹'就是指那些变不过来的人而言。从古人的碑帖中吸取精华，取法乎上。所谓的创新，便是在这日积月累的学习当中形成的，况且能不能成功，还要历史来检验。"

杨仁恺创作最多的是行草书，"端静沉着，流利洒脱，一似东坡书简"。篆书也是他笔下所爱，他的篆书挺拔劲秀，温润流美，深得李阳冰笔意尤多。纵观他的书法风貌，给人渊深、沉静、自然之感，为典型的学者风范。

学习书法首先必须对古今书法具有一定的欣赏力，所谓欣赏就是对欣赏的作品应具有一定认识和理解。杨仁恺学书法初嗜苏轼，后及汉碑、晋帖。尤其是几十年来，他饱览国内外传世名家法帖墨迹，从中得到启发，受益之深不能言表。加之他又精熟中国书法艺术史论，积年的学养，广博的才识，自60年代至今仅书法史论、法书研究方面的鸿篇巨作就有二三十万字（详见《沐雨楼文集》），可以说这是一种"字外功夫"。历史上哪一位书法家同时又不是大学问家呢？杨仁恺志在于学，并不刻意书法，却依然成为盛名于海内外的书法家。他的书法作品多次受邀参加国内外书法展，书法作品被许多博物馆、文化单位和私人收藏家收藏（图一六九）。其

一六九　杨仁恺为上海图书馆题字

原因在于多年来临池濡墨的勤苦，在于他对八法理论的深入钻研，在于他博大精深的学问，在于他的人格风尚。这些作品中凝聚了他倾心于书法艺术的心血。半个多世纪以来，他孜孜不倦，青春消磨，鬓添白发，仍以坚韧的毅力攀登不止。这正如1982年5月他在参加第二届中国书协理事会期间登峨眉山时的感怀。在曲折陡峭的山路上，只有像那些肩挑重担的民工，不畏艰险，执著地慢慢攀登，才会到达顶峰（图一七〇）。

一七〇　1982年5月参加中国书协第二届理事会时杨仁恺攀登峨眉山

一七一　1992年在新加坡与马学鹏举办书画联展

一七二　1994年在新加坡与著名画家、陶艺家关宝琮举办书画展

　　学习、积累的结果，集中展现在杨仁恺应邀于1992年初在新加坡与著名画家马学鹏举办的书画联展上（图一七一），展现在1994年4月在新加坡与著名画家、陶艺家关宝琮举办的书画展上（图一七二），展现在1999年10月辽宁春风文艺出版社出版的《沐雨楼翰墨留真》一书中。尽管杨仁恺在中国书坛上不算是一位领军的大书法家，但他的个展和书作无疑向人们提供了巨大的动力与自己并不寂寞的最明确的信息，他以出色的个人成就、高尚的书艺风德，赢得了国内外书法界人士的敬重。

2.画如其人

　　杨仁恺亦擅绘事，抗战时期在重庆就与半师半友的黄宾虹、徐悲鸿、潘天寿、傅抱石、张大千、黄君璧、谢稚柳等人时常交流切磋绘画技巧，特别是徐宗浩先生画竹有独得之妙，且喜收藏书画。杨仁恺常去他家欣赏藏品，跟他学习画竹的技艺，从中受益颇深。直到新中国成立后，他们之间仍然保持着问难质疑、研讨绘事的密切联系。40年代中杨仁恺在北京琉璃厂静寄山房得《徽庙花鸟册》的照片甚为喜爱，因原作早年已归日本人所有，未能一睹真迹。对他来说已是一件憾事，所以"特藉临一过，自知功夫不及远甚，盖欲存其形似耳"。这自然是他的自谦而已。

一七三　杨仁恺在汕头即兴绘兰

　　他到东北博物馆工作后，百事缠身不得其闲，使他不能静心工于绘事，60年代在为辽宁省博物馆请著名画家临摹之际，他也临摹了几件馆藏书画。其中有宋人徐禹功的《雪中梅竹图》，其原作是用水墨分成浓淡，画出寒梅一枝，衬以竹枝数竿，绢地上除在梅竹枝杆上留出一道绢地本身外，其余全部淡墨烘托，从而显现出积雪压枝的视觉，他以熟练的笔墨惟妙惟肖地摹绘出雪压梅竹、春寒料峭的气韵。

　　他有时也即兴创作，自称墨戏。虽说是翰墨之余的墨戏，但也不是随笔率意，单纯游戏之作，而是他借画竹兰以抒发胸臆，表现自我的一种方式（图一七三）。他水墨写竹，师法造化，在掌握自然法则的基础上，从写实中吸取营养。先在胸中充分酝酿，使欲画之竹的形神，俱显眼前，然后用熟练的技法以疾如风雨之势一挥而就。不论竿枝梢叶，都只一笔画出。只凭浓浓燥润的墨色层次和笔下的轻重顿挫，来刻画春晴夏雨、秋风冬雪中的竹姿。2000年他与上海著名女画家陈佩秋（谢稚柳夫人）合作的水墨"幽兰飘香"（图一七四），画面上，左右山石相映，竹林对生，竹叶偃仰，兰花横溢，水与墨相互交融，浑然成趣，纵笔自如，及具优雅自然之态，使人如身临其境之感，阵阵幽香沁人心脾。

杨仁恺的书画作品中透出一股文人学者的书卷气，画风质朴，诗画交融，不尚奇，不求怪，竣整而含古韵，挺拔而俊媚，疏密有度，刚柔相济。融诸家之长，雅俗共赏。正如王遽常先生生前评曰："……又工绘

一七四　2000年杨仁恺与陈佩秋合作"幽兰飘香"的报道

事，初法宋元，继悟故土灵秀，遂师造化可谓山水纯全已；更旁及花鸟草虫，亦任于自然。先生既淉及书画之理致，进而鉴定古书画尤于古画，能以神通……"（图一七五）

3. 艺苑中的辛勤园丁

　　延续了几千年的书法艺术，到了新中国成立时，它与旧文化无法割裂的关系

一七五　杨仁恺与陈佩秋切磋画艺

使其与整个新时代的需求脱节，当时的书写工具以硬笔代替了毛笔。于1949年7月成立的中华文学艺术界联合会就发出了这样一个令书法界十分沮丧的信号。在全国文学艺术界大团结，大联合，迎接新中国诞生的行列中，有美协、有作协，却没有书协。文联主席郭沫若也是一代书法大家，他想到了作协，想到了美协，却没有证据证明他也想到了书协。当时书法所以受到的空前冷落，已是无法言衷。特别是50年代，照搬苏联机械反映论美学观的结果，使不能像文学、美术那样直观形象地反映现实生活、政治斗争的书法艺术十分尴尬，被斥为异端打入另册。

而早在30年代，就否定书法是艺术的郑振铎，这时已是新中国文化部的一位副部长，他曾向毛泽东探询中国书法是否属于艺术范畴，意思是要把它摈弃出诸民族传统艺术之外，所幸得到毛泽东的否定。主席回答说："中国好几亿人口，多一门艺术有什么不好。"但郑振铎的思想观念影响了具体的工作安排，使书法在相当一段时间内得不到正常的扶植与发展。针对当时有人否定书法是艺术，这一足以给书法带来毁灭性打击的错误观点，沈尹默先生在建国初期曾发表过近二十余篇文章，强烈地呼吁着，他一次又一次不厌其烦地直接指出或经论证指出，书法是我国的优秀传统文化之一，是艺术，并且是一种"最高艺术"。针对有人因为西方没有书法艺术，便怀疑甚至是否定书法是艺术的民族虚无主义立场。沈尹默先生进行了有力地批驳，维护了书法的尊严。为了推动和发展中国的书法艺术，他还在力所能及的范围内，做了许多工作。他的夫人在《忆尹默二三事》中写道："他给毛主席写信，谈自己对这方面的设想和计划。在1957年全国政协会议期间，他对陈毅同志说：'陈老总，新中国成立了这么多年，国防威望越来越高，围棋你倒很重视，有了组织，书法为什么不抓一抓呀！日本学书法的人很多，我们再不抓紧，今后怎么与人家交流？'陈毅同志很仔细地听取了沈老的意见和他的一些设想。事后向主席汇报，中央同意在上海成立了书法篆刻研究会。"

杨仁恺和沈尹默先生一直交往很深。2002年陕西安康县筹建沈氏三贤纪念馆期间,记者采访杨仁恺时,几十年来的师生情谊,浮现眼前,他满怀深情地追忆了沈老对中国新文化运动,对中国书法艺术的杰出贡献。事实上,在弘扬提倡中国书法艺术上,杨仁恺和沈尹默一样,一个在江南,一个在北国,并肩奔走呼吁着……

中国60年代的文化大革命亿万群众大鸣大放大字报,毛笔一下子派上了用场,一时成为整个社会各种人群手中的战斗武器,复活书法的时机到来了。文化大革命后被解放了的杨仁恺呼吸到了春天的气息,他心中酝酿着书法艺术复苏的愿望。书法艺术是与心灵相通的高尚艺术,于是他和一些有志之士经常联络,在辽宁召开书法座谈会,聚会北京和启功、赵朴初、沈鹏等老先生多次磋商(图一七六),咸以为民族传统不当长此弃而不顾,他们向刚刚恢复工作的文学艺术联合会提出建议。杨仁恺率先在首都、辽宁等地筹备成立书法家协会活动。在他的倡导下,一支新生的书法艺术新芽在辽宁破土而出(图一七七),他与李长路、陈叔亮等人经过多番地努力,终于在1980年5月在沈阳举办了首届全国书法篆刻大赛。日

一七六　杨仁恺和启功畅谈如何振兴中国书法

一七七　1978年9月4日，辽宁书法座谈会合影。中排右二：杨仁恺

本大道书道学院理事长川上景年前来参加，二十九个省、市、自治区的代表欢聚沈城，带来了两千余件作品。经大展评委会选出三百多幅展出，盛况空前（图一七八）。就在展出期间，受省委宣传部之命，作为东道主的杨仁恺又联合了各方代表，一致呼吁全国文联成立中国书法家协会，以弥补历史上的缺失。这些建议受到中央的重视，于1981年春天，在北京召开大会，正式宣布成立中国书法家协会。周扬同志在致开幕词中，特别提到"书协"是全国文联最后成立的一个协会。会上杨仁恺当选为协会理事。1982年3月又成立了辽宁书协，杨仁恺当选为书协第一副主席。

为了培养书界的后备梯队，以克服青黄不接的局面，辽宁省书协于80年代以来，连续不断地在省内各市、县举办了多次书法培训班、研习进修班。每次杨仁恺都亲临现场，鼓励学员努力学习，并认真地讲习书法理论与实践经验，座谈自己对书法艺术的领悟。并一再强调书法艺术是中华民族的，要靠大家的努力，坚持学传统。不是为继承而继承，是为发展而继承的方向（图一七六）。平日在家中，不管他怎样忙于著书立说，从来都是不厌其烦地给前来求教的青年书法爱好者题词、撰序，或是书写个人展

一七八　1980年5月在沈阳举办首届全国书法篆刻大赛和展览，舒同前来参观

一七九　辽宁省第三届书法家代表大会合影

一八〇　1994 年 8 月 7 日杨仁恺在辽宁书法培训班上讲课

览会标，对于寄来的书信求教，他从不漏过，一一回复，这些极其繁劳的举动。他年复一年地进行看，内中体现了他为了壮大书法队伍，培养人才，心底所存的远大目标与实干精神（图一八〇、一八一）。

幺喜龙，这位声誉满辽宁书坛的年青书法家，和杨仁恺曾有一段戏剧性的交往。那是在 80 年代初，杨仁恺就听人说"幺喜龙走路犯横，腰间像电工挂着工具那样悠当一串大小毛笔，到处挥毫题字，衣襟上溅满墨点，口出狂言，全然不把一些

一八一　杨仁恺与小书法家赵志航

一八二　杨仁恺与幺喜龙

名家放在眼里"。当时杨仁恺并不认识这个轻狂的小伙子。有一天书法家冯月庵先生将年轻的幺喜龙引见给他，杨仁恺将他从头到脚打量一番，只见这个年轻后生浓眉大眼，不仅没有传言中的那种狂傲不羁，反而一身敦厚质朴，散发出稚气拙嫩的书法气，看上去诚挚可亲，杨仁恺心中暗自喜欢（图一八二）。

1987年中央书画鉴定组正在天津鉴定书画，幺喜龙前往天津请杨老

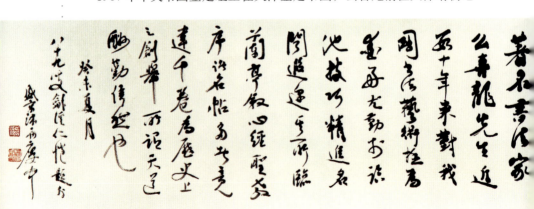

一八三　杨仁恺为幺喜龙题词

为他的书法集撰序，当杨仁恺翻阅那厚厚的一沓书法作品照片时，一种难以言说的风骨和灵性飘溢而出，不由得喜不自胜。他爱才心切，即刻挥笔，为他的书法集悉心推介"闯过因袭关，进入新境界"，欣喜地感叹"后生可畏"，又把他介绍给谢稚柳，并请为之题签，增添了书法集的分量（图一八三）。1992年，幺喜龙应香港中国经济文化出版社之约，编印《行草书唐宋词二百首》再次请杨老为之作序。为同一位书家前后出版的书法集撰序，最忌讳的是内容空虚和重复。杨仁恺自知绠短汲深，难以胜任，但他还是欣然动笔。这种推动力来自于这个年轻人富有成就的作品，老实说在书法界似乎是鲜有的例外，他在序中写到："今天在我所认识的书法界年轻一代的同人中，幺喜龙在书法创作上取得的成就，不同于别人之处，在于具有一定的典型意义。他不声不响，不显山露水，即完成组织上交与他的任务，胜利开拓向前。而另一方面，以最大的努力，深入书法艺术宫殿的堂奥，知难而进，终于赢得了双丰收，这不是常人能够做得到的。"从此以后他们一老一小成了忘年之交。

杨仁恺很清楚地认识到自己承先启后的历史使命，所以不顾年岁高，工作繁多，而十分认真努力地做着这些作为书坛大家应该不屑于做，但却

一八四　杨仁恺出席在沈阳举办的中国书法史论第二届国际学术研讨会上

一八五　杨仁恺出席在日本东京举办的中国书法史论第四届国际学术研讨会上

有着重大意义的事情。他不止一次地说："书法界的年轻朋友，出版书法集，我都情愿为之撰写前言或序文，借以发表自己的一孔之见，同时有机会和作者交流彼此的看法，无疑是一桩相互提高认识的具体文化活动。不仅如此，还可以通过广大书法爱好者或评论家交换各自的观点，从而扩大视野，直接、间接有裨于书法艺术本身的发展，这就是我同意为年轻书友的书法集撰文的本旨，岂有他哉。"

　　自80年代以来，他作为中国书协的开启者之一，积极参与筹措在北京、沈阳、澳门、日本东京、南京举办的五次"中国书法史论国际研讨会"，使中国的民族书法艺术走出国门，走向世界。（图一八四～一八六）

　　对于中国传统的民族绘画艺术，50年代中，由于美术界的领军人物片面强调文艺为政治服务，照搬苏联机械反映论美学观，而遭遇贬斥。杨仁恺与这种思潮展开了针锋相对的争辩，撰写数篇文章，陆续发表在当时的美术专刊和报纸杂志上，阐述了如何继承并发扬优良传统的鲜明观点。他坚信自己的认识是符合新中国文化艺术发展的前进方向的，面对当时来自某些方面的压力，毫不退缩，在改革与创新的道路上孤军坚持战斗。沈阳鲁迅美术学院的前身是延安鲁艺，1938年创建于延安，有着光荣的革命传统，半个世纪以来，经过几代鲁艺人的不懈奋斗，经历了延安鲁艺、东北鲁艺、东北美专等发展时期，形成了今天这样的一所专业、学科配备合理，师资力量雄厚，教学条件优越的著名艺术院校。

　　几十年来杨仁恺与鲁美一直保持着深厚的友谊和密切交往，鲁美的许多社会活动，如画展、学术研讨会、国内外来访的专家学者都邀请杨仁恺参加，他从来都热情前往。不论是院领导或是一般教师，还是年轻的学生

一八六　杨仁恺出席在南京举办的中国书法史论第五届国际学术研讨会上大会发言

一八七　杨仁恺与鲁美专家宴少翔先生（左一）合影

一八八　杨仁恺与鲁美学院教授和冯其庸先生一起合影（左：李浴、杨仁恺、冯其庸、宋惠民、宴少翔）

一八九　杨仁恺、冯其庸与鲁美学院的院领导宋惠民及宴少翔教授诸人合影

一九〇　杨仁恺、许勇、许荣初三夫妇在许荣初绘杨仁恺肖像前合影

一九一　杨仁恺、冯其庸在鲁美图书馆观摹书画（前：孙世昌，后：宋建民、冯其庸、杨仁恺、宋惠民）等

都愿意和他交往。他对鲁迅美术馆的建设、对鲁美为国内各大纪念馆创作全景画等工作总是热情支持，极力相助。他用自己的行为、学品、人格的魅力赢得了鲁迅美术学院全体师生的尊敬。五六十年代，他曾与老一辈美术家赵梦朱、宴少翔、季观之、钟质夫、郭西河等人为中国传统绘画艺术的继承和发展不懈地探索着（图一八七～一九一）。

80年初，几位老画家们以他们精深的才艺，为辽宁省博物馆临摹唐、宋、元绘画，挥毫创作。如宴少翔先生临摹的唐韩干《神骏图》、《萧翼赚兰亭图》，惟妙惟肖，至今已成为馆藏摹本中的精品。20世纪80年代中，刚从文化大革命桎梏中解放出来的鲁美四位老画家宴少翔、季观之、郭西河、钟质夫，正值年华充沛，学术、绘画发展的最佳时期。但是由于当时经费紧张，鲁美受客观条件的局限和个别领导的认识问题，无法为他们提供一个安静的创作环境。

1989年夏，为庆祝辽宁省博物馆四十年馆庆，杨仁恺特专门辟出一个大展厅，邀请四位老画家尽兴创作。先由宴少翔组织起稿，四老冒着盛夏酷暑，精心合作而成《北国松泉图》纵300厘米，横640厘米的巨制（图

一九二　1989年夏，沈阳鲁迅美术学院四老合作《北国松泉图》杨仁恺题词

一九三　五老于《北国松泉图》下(左：钟质夫、杨仁恺、郭西河、季观之、宴少翔)

一九二～一九五)，又有杨仁恺题词，此五老书画合璧配合默契、构图气势雄浑、笔墨酣畅淋漓、色彩明快喜人。显示出几位老艺术家整体艺术的最高水准，甚为珍贵。1989年10月在辽宁省博物馆举办了季观之、钟质夫、宴少翔、郭西河四老绘画联展，尤其是巨幅《北国松泉图》轰动了美术界。

　　1993年3月，四位老画家又与鲁美陈忠义、孙世昌、孙文勃、刘东瀛历时一个多月的时间绘制了700×190厘米的山水画两幅，由杨仁恺亲笔题记。杨仁恺与鲁美在求索艺术的道路上，结下浓浓友情。然而鲁美的四老中已有三位大师作古，令他怀念不已。这种情谊从杨仁恺为宴少翔先生出版画集的序言中深深地体会到："这里特别值得提出来的，画家善于将山水和写意花卉技法的形式美，及其自然美巧妙的

一九四　杨仁恺与宴少翔

一九五　杨仁恺与季观之

一九六　杨仁恺与宴少翔

融汇起来，至于古典人物则以传统诗词的意境和绘画艺术的形象美相结合。因之没有原京朝派（院体）工笔重彩过于严谨板滞之势。力求活脱才是超越一切的关键所在。他的古典人物画，特别是在1978年以后，创作益勤，力图弥补多年风风雨雨中丧失的宝贵时光。""我与画家交往日久，知之甚稔。"他对宴少翔的人品评价曰："至于人品，同样高尚可风，值得揭橥，方能得出较为全面的评价。他已逾八十高龄，一生始终不渝地为国家培养工笔重彩画人才，并潜心从事创作，不忮不求，无论在任何艰苦困难的环境中，从不废辍笔砚，并奖励后进不遗余力。受其教诲而成名家者，不乏其人，却不引为骄傲。反之平易近人接物，喜怒不形于色，有君子之风，更值得钦佩的是画家敢于任事，不计得失，一往无前的精神。为了我国成绩卓著的工笔重彩画默默地做出继往开来而有突出贡献的画家业绩，使其传之永久，以贻后昆，是我将为之付出力量，促其实现的一点夙愿。"如此深厚的情谊，令人敬仰（图一九六）。

杨仁恺对东北的美术教育也是关心备至，80年代初他建议鲁美购买日本二玄社复制的台北故宫博物院藏书画，因为这些复制品是中国画传统教育的第一手资料。院领导接受了他的建议，分两次拨款购藏。杨仁恺不但为鲁美的研究生上课，就是对新入学的本科生，只要学院请他，他一定欣然前往，从来没有知名专家的架子。他为培养东北第一届美术人才洒下了辛勤的汗水。这不仅仅是为学生上课的问题，而是对中国传统文化艺术的弘扬和传承。

杨仁恺和鲁美原美术史论系主任孙世昌教授有着深厚的情谊，1965年他从中央美院毕业时，金维诺先生曾嘱咐他，到东北后要多请教杨仁恺先生，因为它是美术史论和书画鉴定专家。遵照师嘱，来沈阳后孙世昌就拜见了杨先生。不幸的是文化大革命开始了，杨仁恺被关进了牛棚。1969年他们都被下放到辽宁东部岫岩山区，又不期而遇。在那艰苦的岁月里，他们最放不下的就是中国的书画艺术事业。共同的追求目标使他们的友情日益深厚。据孙世昌回忆：当年岫岩县南部发现了古墓群，杨仁恺得知消

一九七 1980年11月29日辽宁画报、美术出版社三十五周年纪念会上，杨仁恺、周扬与在延安时的小鬼刘兰同志会晤

一九八　1989年11月，杨仁恺在中央美术学院美术史系上课

一九九　1998年9月14日，杨仁恺在辽宁大学有他亲笔题"桃李无言"石碑前留影

二〇〇　1998年鲁迅美术学院聘杨仁恺、冯其庸为名誉教授。二人作完学术讲座后，由学术委员会副主任孙世昌陪同工作餐

息后，亲自前往现场考察，认定是战国古墓葬。他当时的身份是五七战士，地位很低。但他却几次找到县领导，要求拨款保护古墓。由于他的努力，这个古墓群得到保护，为岫岩留下了一笔文化遗产。文化大革命结束后，他们都回到了原单位。1975年的一天，孙世昌找到杨老说："鲁美经领导研究想要临摹义县万佛堂壁画，请杨老帮助联系。"杨仁恺立即答应，促使学院完成了这项浩大的古代壁画临摹工程。同时也锻炼出一批年轻的美术人才。

杨仁恺也十分关心辽宁画院、辽宁美术家协会（图一九七），他于1981年当选辽宁美术家协会副主席；1984年中央美术学院客座教授、研究生导师（图一九八）；1989年受聘辽宁大学客座教授、研究生导师（图一九九）；1996年受聘鲁迅美术学院名誉教授（图二〇〇～二〇三），亲自为鲁美研究生讲述中国美术史论课程。他经常鼓励帮助辽宁逐渐成长起来的一代青年画家，在辽宁博物馆收藏他们的作品，为他们办画展、题词、作序，经常在一起探索中国民族绘画艺术创新的途径，如辽宁50年

二〇一　杨仁恺在鲁美附中成立座谈会上

二○二　在鲁美附中重建庆典会上杨仁恺致祝贺词

二○三　1998 年 9 月 16 日，杨仁恺在庆祝鲁美附中重建庆典笔会上作书留念

二〇四　杨仁恺与画家冯魁林

代以后成长起来的年轻一代著名画家赵华胜、宋雨桂、马学鹏以及上海博物馆的旅美画家劳继雄，大连的军旅画家张继刚，现代画家冯魁林等人都和杨仁恺结下了深厚的师友情谊（图二〇四）。

冯魁林是大连市的画家，他以锐意进取、勇于革新的创作精神和题材独特、技法新颖的中国人物画崛起于东北大地，受到海内外瞩目，他以中国传统教育故事为题材，创作的数百幅人物画系列作品，旨在对青少年进行品德教育，命名为"成才家训"。既有浓郁鲜明的民族特色，又不落古人窠臼。他的绘画风格深为杨仁恺赞许，亲笔为他的画展题名，并给予高度评价。又对他的艺术创作亲自予以指导，肯定了他对线的运用，不墨守成规，有气势，有力度，鼓励他："不要觉得是名家就不敢突破，要在名家作品中找出他的败笔处，并且能给他补正，逐渐形成自己的风格。"在前辈的精心指导下，冯魁林的绘画艺术更加日益精进，应笔者之邀，他满怀深情地记下了恩师杨仁恺对他的教诲：《作画先欲做人——记恩师杨仁恺对我的教诲》。

仁恺先生教诲我已近十年了。这十年来是我难以忘怀，受益匪浅的十年，也是先生教我怎样做人，为人造像的十年。十年间先生精研艺术，坦荡为人，热爱国家都给我留下了不可磨灭的印象。

1992年，我从北师大研修归来，被分配到民主党派机关工作。为了支援希望工程奉献一颗拳拳爱国之心，我把在北京师范大学研修时所著的《成才家训百则》力图在漫画的形式基础上改编为中国画。并打算在省城展出。但是由于客观原因，尽管每天东奔西跑却无济于事，心底里期盼着如果能有一位以国家和后代着想的老艺术家帮我一下该多好啊……

我总是深邃地思考着利用中华民族的文化，运用哲学理论的相关知识，融美术为一身，展出一幅幅作品，这会对青少年产生不可估量的影响。在我一筹莫展之际，一位好心人对我说："你认识杨老吗？他是一位德艺极高的老人，如果他觉得你是个人才，肯定会帮你。"说着，他给我讲了这样一件事，"有个出身工人的青年为了学'双勾'字，抱着试试看的心情去拜杨老，老人家没因他是个临时工而嫌弃，反而更加关怀他。后来这个人的'字'还被中央电视台播出过。这几年因杨老年迈，他能否识你关键在你的'东西（画）了'。"我揣着一颗焦急而渴望的心求见了杨老。老人看了我的几幅古人物画后说："你的画功力还不够。但题材与构思、构图都不错，可以在省里展一下。"当杨老知道我身无分文时说："我到博物馆帮你看看。"好心人说："杨老你能否给他题个字？"老人严肃的说："题啥子哟，我对国家要负责的吗，支持希望工程责无旁贷，也不能因此就不要标准呀！"后来我把几年来利用业余时间所绘的《百子图》拿给老人看，老人认真地审视后对我说："一定要让孩子们看看，这些内容会教育子孙的。"老人为此而奔波，打电话、问展地、展时……当时省博物馆正在展出台湾故宫所藏精品书画复制品展。为了支援希望工程建设，在老人的努力和省委、省民革、省博物馆的大力支持下，取消了其他展出，我的《成才家训》书画展终于展出了。在省城共展二十天，引起了不小的轰动。《辽沈日报》、《辽宁日报》、《沈阳日报》、《辽宁日报对外版》，辽宁、沈阳、大连电视台，最后中央电视台也进行了报导。老人亲自为展览题字、剪彩

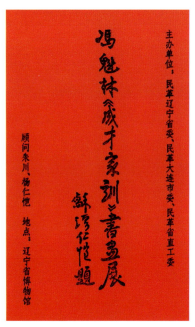

主办单位：民革辽宁省委、民革大连市委、民革省直工委

顾问 朱川、杨仁恺 地点：辽宁省博物馆

二〇五　杨仁恺为冯魁林画展题词

（图二〇五）。最后老人对我说："这次展出很成功，但你要看出我们的作品还缺点功夫，还欠点'火'，一定要突破传统的笔墨用法呀。另外，光是古人有好的精神，现在的年轻人中就没有可敬的吗？不能厚古薄今，只要对民族有用就一定要把它挖掘出来。"1995年，当中央电视台新闻联播播出我的"成才家训画展"后，老人打电话告诉我要继续努力。多年来，先生一直谆谆教导我："一个画家不仅能画而且要能书能著作，只有这样的人，才能画出心声，画出学问。"

当先生得知我多年来因家住环境

二〇六　杨仁恺写给大连市政府的举荐信

二〇七　杨仁恺前往冯魁林新居拜访并看他的作品

差，一直趴在地上画画，曾多次建议政府为我解难。特别他看完中央电视台1997年多次专题介绍我的画后，曾多次疾书大连市委、市政府(图二〇六)。有关领导听取了专家意见后，特批了我新房。当老人得知这一消息后，不顾千里之遥的劳累，冒雨来到我家看房、看画(图二〇七)。

1996年12月，我从大连背负六十米的长卷《千子图》之三送给先生看时，老人看后激动地对我说："好呀，就应该有自己的特点，有自己的画风，你解决了黑不单纯黑，黑中有灰、有白的问题。"虽已时至深夜，先生控制不住自己的感情，提笔写下："画家冯魁林以历史故事为题材绘此图，气韵生动，开艺苑新风。"老人把他珍藏的外籍友人相送的金石宝盒赠送给我。

有一次我画了一本古典人物画(宣纸裱册)。他看后对我说："你为什么要从左到右画呢，岂不让人看了笑话？"随后，先生又从历代的绘画特点、章法及画家是如何使用画本的讲给我听，并说："画的东西要有章法，要检起最基本的知识学用，决不能敷衍。"先生从来对于题款都十分讲究。为了使我搞懂相关知识，不厌其烦地教诲于我，先生常说："绘画先要有

著名畫家
馮魁林此作
氣勢雄強
引人遐思
在今日畫
界中自
成風格屯
已為必為
廣大讀者
所千青也
戊寅夏月
八旬鄉隆楷題

魁林畫子大連

戊寅年夏初

二〇八　馮魁林画《老人騎虎
图》杨仁恺为之题字

学养，没有学养怎么能画画呢？要辩证地去绘画，三思而用笔，不能画糊涂画呀！你的画很有意思，但要注意用线。"

先生虽以耄耋之年，但对新生事物始终有着极大的热情。他说："中国画画无法但万法归宗。所以广袤的大千世界必须以哲学的世界观去画画，这样才会不至于枯萎，永有生机。"1997年5月，一位新加坡艺术家对我说："冯先生，您的先生总是令人有一种向上的精神，给人很大的活力。"先生不因人之贫富而分别对待，特别对于出身微薄的人更极热情。想到我的成长与先生的精心培养，使我感到先生不仅才学渊博，而且是位充满了正直和一心为人的人。

这是一个学生对他的恩师教诲念念不忘的心声，更是杨仁恺寄重望于年轻一代"夫子循循然善诱人"的真实写照（图二○八）。

（二）挚友情深

1.沐雨楼主与壮暮翁

杨仁恺与谢稚柳之间有着半个世纪的交往，尤其是经过文化大革命劫后余生的共同命运，使他们的友谊愈加深挚（图二○九）。杨仁恺将自己的居室命名为"沐雨楼"，是因为20世纪初，他曾托北京琉璃厂的彭先生

二○九　1988年7月杨仁恺与谢稚柳摄于旅顺

二一〇　1988年在辽宁，杨仁恺与谢稚柳书画鉴定时留影

用四袋白面换的一件元代画家李衍的《沐雨图》而得名。此图后来捐给了故宫博物院。"沐雨"二字典故来自《晋书·凉武昭王李玄盛传》："冲风沐雨，载沈载浮。"《艺文类聚五九·魏文帝黎阳诗》："载驰载驱，沐雨栉风。"喻自己一生不避风雨，奔波劳苦，研究学问之艰辛。他在沐雨楼中潜心于翰墨人生，著书立说。而谢稚柳将自己沪西一隅的寓所自命为"壮暮堂"。"壮暮"二字源于曹孟德之诗："老骥伏枥，志在千里。烈士暮年，壮心不已。"他满怀豪情壮志，不因时序的迁延而消歇，终日作诗作画不辍。80年代中，两位老人又为共和国的古代书画鉴定工作奋战八年，朝夕相处，结为知己（图二一〇）。然而谢稚柳却别离亲人和友人仙逝……每当杨仁恺回忆起与谢老的交往，悲痛思念之情难以扼制。

早在1929年，十九岁的谢稚柳凭着学养和精美的书艺，在南京政府官务处谋得一个书记员的职务。抗日战争爆发前，与张大千一同被徐悲鸿聘为中央大学艺术系教授。抗战开始，随学校迁往山城重庆。到重庆不久，到检察院当秘书，国民党的元老于右任任检察院院长。在重庆谢稚柳先住枣子岚垭，住处遭遇敌机轰炸，又转住上清寺。上清寺当时交通方便，进市内往来路过《说文月刊》社。因此他和原住上清寺的一些老先生经常到《说文月刊》社稍事歇息，品茗聊天，结识了杨仁恺。共同的爱好，使他俩渐渐地在切磋书画艺术中建立起友情。1942年春，谢

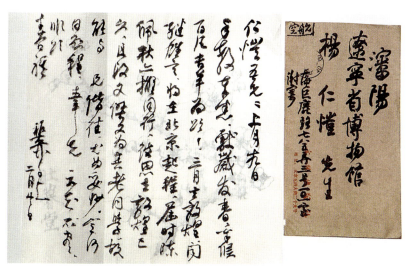

二一一　谢稚柳给杨仁恺的书信

稚柳在成都首次举办个人画展，获得了极大的成功。当他载誉回到重庆时，徐悲鸿已由桂林回到重庆，重温旧谊。可是就在这时，好友张大千已在敦煌，满怀激情地向他描述自己享受敦煌艺术的兴奋。敦煌这个神秘的艺术海洋早就使他心醉。谢稚柳决意接受大千先生之邀和于右任的嘱托，怀着对艺术的执著追求，怀着对那个神秘地方的向往和憧憬，携着行囊，踏上了去敦煌的漫漫征途。

在敦煌工作的日日夜夜，他对每一座佛窟都详细记录和考证、临摹壁画，付出了极大的耐心和韧性。前后近两年，仍未竟功。待到1986年春夏之交，杨仁恺陪同谢老夫人陈佩秋，专程前往敦煌，陈佩秋为之替补所缺部分，终于以偿夙愿，成书出版。半个世纪的心血，总算为敦煌学填补一项空白。谢稚柳与张大千的合作，成为中外知名的敦煌学专家。1943年谢稚柳从敦煌返渝之后，与杨仁恺见面的机会就多了，他们经常在一起畅谈，倾述着敦煌艺术的魅力，中国书画艺术的博大精深。蜀中的山水情意绵绵，谢、杨二人更是结下了不解情缘（图二一一）。

抗战胜利后，三十七岁的谢稚柳回到了上海，在陈毅市长的亲自领导下，受聘于上海文管会，主管接受和收购文物的鉴定工作，为上海博物馆

二一二 徐邦达、杨仁恺、谢稚柳、杨伯达摄于加拿大多伦多市嘉华画廊

的建立奠定了基础。 杨仁恺也告别了风景如画的川蜀胜地来到北国沈阳古城，为了寻觅收缴清宫散佚的书画瑰宝而奔波忙碌着。在这期间，他们之间的交往一直没有间断过，这种情谊不是凡凡的平庸俗套，而是建立为中国博物馆事业奉献终身的共同情缘上，建立在中国书画艺术的研究基础之上。这种友谊从私人交往逐渐发展成为上海博物馆和辽宁省博物馆之间的馆际友好交往，发展成为两馆之间文博人的友好往来。他们之间在学术上尽管见解有时会有相左的地方，虽然各抒己见，彼此不免也有些争议，甚至面红耳赤，但从来没有影响彼此之间的感情，反而更加深厚（图二一二）。

关于对真赝作品的鉴别，历朝历代都有争论。观点之不同是因为中国书画鉴定这门科学，不同于自然科学领域，如中国航天飞船上天，各种数据来不得丝毫差误，必须是百分之百的精确度；而书画鉴定这门科学，要从画家本身考虑，一件作品所处时代风格、本人所处特殊环境、思想情绪，诸多因素。而社会上又会夹杂进五花八门的仿作品。从鉴定家方面来讲，人的艺术素养的高低，所掌握的文献、考古等诸多辅助鉴定材料的多寡，决定了他们对一件作品的理解和认识各异。目前中国书画的鉴定只能是凭鉴定家主观感觉、客观经验去把握。自然，即使再高明的鉴赏家一生所看过的书画成千上万件，要求他们全都百不失一，那是绝对不可能的。所谓智者千虑，必有一失，但是作为从事鉴定的人有义务各自阐述自己的观点。不同的意见，通过辩论，可以促使正确客观的结论得以确立，这是研究工作的正当途径。杨仁恺和谢稚柳就是这样在几十年的争论中，各自求实较真，从不人云亦云。

这还得从辽宁省博物馆珍藏的《簪花仕女图》时代、作者的争论问题说起。谢稚柳在《鉴余杂稿》中提出此图是五代南唐的作品，他认为从作品的艺术风格，仕女的形象，在唐代绘画中还没有能找到相同的例子。它的艺术特性也与唐代作品有一定的距离，又根据文献陆游《南唐书》中记载后主李煜的大周后"创为高髻纤裳首翘鬓朵之妆，人皆效之"，马令《南唐书》中也记载李煜哀悼大周后的诔文中有"高髻凌风"之句，再从画尾描绘的初春盛开的辛夷花及画中仕女"绮罗纤缕见肌肤"来看，应属南方之景，而北方初春绝无身着纱衣的可能，由此断定它的画风正是南唐的时代艺术特征。

杨仁恺却不认同这种观点，他连续发表了《唐人〈簪花仕女图〉研究》；《关于〈簪花仕女图〉的再认识》；《关于〈唐周昉〈簪花仕女图〉的商榷〉一文的管见及其他》；《谈周昉〈簪花仕女图〉》；《谈〈唐代人物画家周昉〉》等几篇文章，并出版过两本小册子。在这些篇文章中，针对谢稚柳所提出的几点论据加以反驳。一方面他将画卷中所涉及的所有事物，如图中妇女的服饰式样、质地、化妆、头饰，与文献中所记载的历史社会背景一一相比较，生动地展现出唐贞元时期上流社会贵族妇女的侈靡生活场面，令人深信不移。另一方面又从整个作品艺术技巧入手分析，如构图特征，绘画中线条的运用，赋色的巧妙，衣裙图案的精描细绘，蝎子和丹顶鹤、小蝴蝶栩栩如生的写生技法，都一一作了严密地考证，辅以唐大诗人白乐天、元稹诸家的吟咏之作，确定是图出自唐人手笔，并应该是德宗李适贞元年间的珍贵巨迹。杨仁恺对此比较慎重，他认为作为一个博物馆工作者，应该有责任探索问题的本质，不好浅尝辄止，或轻率地妄下结论。通过这番争辩，一件作品的真伪则越论越明晰，而杨、谢之间的友谊却是越辩越深厚。

不能忘却的是中国书画鉴定组连续工作的八年中，巡回国内各省市博物馆、图书馆、美术馆、纪念馆、文物商店及各大学院校鉴定所藏的历代书画，谢、杨二人自始至终参与其事，按照计划推行工作，从未离开过岗位一天，他们密切配合，白天在一起看书画，晚上在一起整理记录，探讨各自的观点，成为鉴定组内的实干家。

1996年2月，谢稚柳刚从美国洛杉矶回国，杨仁恺与他在上海相聚，二位老人有"一日不见，如隔三秋"之感，当时快慰之情，无法言表。而在这年的5月，杨仁恺又应美国大都会博物馆之邀赴纽约，谢稚柳也在邀请之列，他本打算由上海直飞纽约，二人相会后再返回洛杉矶。但当时没有成行，延至7月始飞返洛杉矶。待杨仁恺由美国赴英国伦敦、比利时、巴黎等地访问，经德国法兰克福转机新加坡，延至7月回国，谢稚柳已离开上海飞抵洛杉矶，即患病入医院，手术时发现癌细胞。延至1997年初

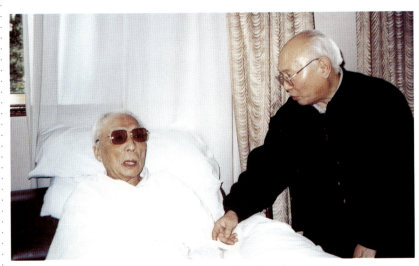

二一三　1997年3月杨仁恺专程飞沪探望病中的谢稚柳

二一四　1997 年 6 月 4 日杨仁恺偕夫人刘文秀向陈佩秋慰问

回上海入瑞金医院治疗。杨仁恺得知老友回上海后病笃，心情万分焦虑，于 1997 年 3 月专程飞沪探望。到瑞金医院后见到谢老精神尚佳，思维正常，一颗悬着的心稍稍放下（图二一三）。因谢老本人一直不知道病的底细，所以他对医生不让出院很不满。但身边有夫人陈佩秋和儿女陪护，倒也不觉病榻上的寂寞。二人在晤谈中涉及过去的往事，一幕幕展现眼前，感慨万千。又谈到书画鉴定中之争议，不觉相视而笑。杨仁恺暗自庆幸，满以为洛杉矶医生诊断有误，回国后可能水土调和，有望恢复健康。探视握别后，杨仁恺又转赴新加坡参加那里的国家亚洲历史博物馆新馆开幕典礼。5 月回程经香港，遇见画家宋文治先生。听他说谢老近日已经病容毕露，头发脱落，精神一天不如一天。杨仁恺听后惊愕不已，原来以为洛杉矶医生误诊的想法只是出于感情所蔽。杨仁恺在香港没有停留，当即经深圳返回沈阳，准备 6 月 5 日赴沪出席上博新馆的中日名家书展开幕之际再去看望谢稚柳，却接到上博电告谢老于 6 月 1 日逝世的噩耗。杨仁恺不得与故友诀别遗憾奚似！于是偕夫人 6 月 4 日飞赴上海。下飞机后匆匆地赶往谢宅灵堂志哀（图二一四）。他久久地凝视着遗像，回忆着与谢稚柳半

谢稚柳大师 千古

一代宗师 事业伟奇 气宇阔博见义

不辞丹青 名世美誉 远驰侔俪双璧

艺苑比箕 八载奔波尽瘁 陞泰列

交末媿对相知音容宛在五内含悲

一九九七年六月七日解谊弟杨仁恺哀辄

二一五 1997年6月7日与谢公遗体告别，杨仁恺献挽辞个世纪以来的相交之情，相知之深。此刻诀别，言犹在耳。

6月7日正式与谢公遗体告别，最后一睹遗容，安详之态有如生前，在灵前杨仁恺心怀悲痛献悼词一篇，情长纸短，借以表达哀思：

> 一代宗师，事业传奇。
>
> 气宇阔博，见义不辞。
>
> 爱国情厚，寄予诗词。
>
> 丹青名世，美誉远驰。
>
> 伉俪双璧，艺苑北其。
>
> 八载奔波，尽瘁四陲。
>
> 功绩卓著，刊之丰碑。
>
> 忝列交末，五内含悲。
>
> 一九九七年六月七日龢溪弟仁恺哀挽（图二一五）

2.人生有奇缘　相识更知音

冯其庸，名迟，字其庸，号宽堂。江苏无锡县前洲镇人，1924年2月生。 1947年参加党的地下活动，1948年毕业于无锡国专，1949年5月参

二一六　1996年10月12日杨仁恺与冯其庸参观上海博物馆裱画室中的大理石洗画池

加入民解放军，在苏南行署工作，1950年参加中国共产党，9月任教于无锡市第一女中。1954年8月调北京中国人民大学，历任讲师、副教授、教授。1986年调任中国艺术研究院副院长。现任中国红学会会长、中国汉画学会会长、中华炎黄文化研究会副会长、中国戏曲学会副会长、《红楼学刊》主编、敦煌吐鲁番学会顾问等职务。

杨仁恺与宽堂相识于90年代，他们二人可谓人生有奇缘，相识更知音（图二一六）。两位老人一个是倾心于《红楼梦》研究，研究曹雪芹的家世，撰写出六十多万字《曹雪芹家世新考》已两次出版；研究《红楼梦》的版本，将乾隆年间以后《红楼梦》十二种手抄本逐字逐句进行了校正，经过比较，确定己卯本、庚辰本更接近原稿，纠正了一些过去研究中的明显错误；研究曹雪芹思想，也就是《红楼梦》思想的研究，认为《红楼梦》所代表的思想是反映资本主义萌芽状态下的一种新的民主主义的思想。曹雪芹的思想是超前的，比如对婚姻问题他就主张自由恋爱，他所提出的生活理想、社会理想、做人理想更接近于现代，这些就是冯其庸先生研究的结果，他从而成为红学研究领域中的著名学者。

一个是倾心于《聊斋志异》原稿的校雠与考辨，自《聊斋志异》前半部原稿被发现后，杨仁恺将它与"青柯亭"刻本逐字逐句进行校对，认定他是作者蒲松龄定稿后的清稿本，这就为我们从事《聊斋志异》的研究提供了第一手真实而完善的材料；又对蒲松龄的家世及所生活的社会历史背景认真考证，撰写文章阐述《聊斋志异》的民族思想及进步性；指出刻本中将原稿文字经过刊者删削、遗漏、篡改之处都直接使故事内容或多或少地失掉原意，甚至模糊隐晦了作者的进步意识，是为了迎合清朝统治者的需要有意而为，指出过去仅凭借几种刻本或是一些拙劣的批注本，从事《聊斋志异》的研读，尤其是对作者敢于鞭笞封建统治者，敢于暴露贪官污吏的丑行，敢于对神祇的讥刺，对民族气节的表彰。这些进步思想的探讨，以及肯定《聊斋志异》是一部伟大的古典现实主义杰作，无疑地是收到"探骊得珠"之功的。

二一七　2001年4月冯其庸书画摄影展在北京中国美术馆展出，杨仁恺、启功、季羡林、任继愈、黄苗子、徐邦达等出席开幕式

　　杨仁恺与冯其庸二人在对中国古典文学学术思想研究上的思路是如此地相通，在书法绘画上也有共同的情趣。冯的书法宗二王，画宗青藤白阳，所作书画为国内外所推重。而杨老则书嗜东坡，上溯二王，擅画兰竹，他们的书画都被誉为真正的文人书画。他们都主张在学习书法中更重要的是读书，修养。不读书，没有文学修养就写不好字，写出来的字也没有内涵。书画首先是一个人的精神境界，一个人的文字修养和艺术修养，有了这些，书法自然而然地就反映出来了，只有这样，笔墨才会有高境界。他们都有史学家之洞察力，又具有学者之风范。

　　他们不仅在做学问上互相激励求索，在生活上也是互相关心体贴。一次听说冯老有病住院，杨仁恺焦急万分，利用到南方开会路过北京的机会，不顾夜深，急匆匆地赶到医院，探望病情，问长问短，久久不舍离开，而他第二天清晨还要去机场。

　　1988年5月和2001年4月在中国美术馆两次举办了"冯其庸书画展"。

二一八　冯其庸赴新疆考察

杨仁恺都特地从沈阳赶往北京出席开幕式（图二一七），挥毫题词，高度地赞扬冯的书画艺术成就。在他八十寿诞时，杨仁恺亲书对联一副相赠：

探迹索引红楼主，

道德文章盖世才。

　　冯其庸教授从80年代至2000年8月，八进新疆旁及河西走廊，他以坚忍不拔的毅力和精神对西北之汉唐文化，特别是对唐代高僧玄奘的取经

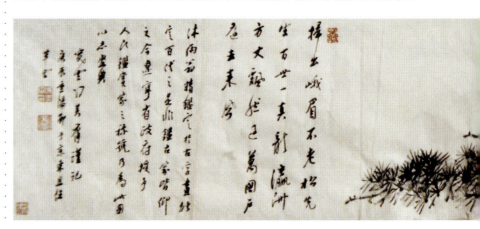

之路进行了实地考察,最终重新发现确认了玄奘从印度取经回国入境之古道（图二一八）。这一发现前无古人,是对研究汉唐以后各朝代对外文化经济交流的重大贡献,于2000年9月在上海图书馆隆重展出"冯其庸发现·考实玄奘取经之路暨大西部摄影展"及研讨会。为中央开发大西北的决策增添了文化的色彩。而后这个展览又移到北京,杨仁恺特地前往北京为之取得的辉煌成就而祝贺。

冯其庸对杨仁恺这位兄长更是十分敬重,辽宁省博物馆五十年馆庆,正值杨仁恺从事文博工作五十年,辽宁省政府授予他"人民鉴赏家"的光荣称号,冯其庸听到这个消息后十分高兴,认真思索后特绘《苍松图》一卷,并题诗一首：

> 扫出峨嵋不老松,
> 先生百世一真龙。
> 瀛州方丈飘然过,
> 万国户庭去来风。

沐雨翁精鉴定,于古字画能定百代之是非,鉴古家皆仰之,今辽宁省政府授予人民鉴赏家之称号,乃为此图以庆典。

宽堂冯其庸谨记,庚辰重编于京东且往草堂（图二一九）

二一九　冯其庸为杨仁恺题诗绘松

二二〇　杨仁恺、冯其庸在合肥欣赏得寿堂的紫砂艺术，并题词留念

二二一　2003年1月，杨仁恺与冯其庸在上海博物馆

为了表达他对挚友的祝贺，他将杨仁恺的一些著作仔细地阅读近月余，而后执笔写下了《学问家、鉴定家、书画家——我所认识的杨仁恺先生》。通篇精当地总结了杨仁恺一生所取得的成就。

他们二人在做学问，研究文化艺术、写字画画等方面的追求是一致的（图二二〇）。冯老总是说："我还在学，不断地学。"杨老也总是讲"人生活到老，学到老"。他们永无止境，永远攀登。人生得一知己难矣，足矣。真挚友谊的力量给他们之间留下的是无穷的启迪和永恒的温馨（图二二一）。

3.人间自有真情在

杨仁恺是一个重交往，珍爱友情的人。半个世纪以来，多少喜怒哀乐，多少风风雨雨，人生感悟，化为情缘，储于脑际，寓意诗文，一倾情愫……

那是在1981年的8月间，杨仁恺得知老朋友，原辽宁省副省长仇友文生病在大连疗养院疗养时，即与副省长王堃骋同赴大连探望。感慨之余，赋诗抒怀：

（一）

千辛百劫拯沉沦，一旦功成病缠身。

虽有亲筹万般计，当前事事枉劳心。

（二）

忆昔牛棚患难日，含垢忍尤激愤时。

一片忠忱死不悔，中流砥柱在于斯。

（三）

痼疾缠绵凤愿乖，胸襟若窘费安排。

故人骤见浑如梦，泪下涔涔痛满怀。

杨仁恺50年代初来到东北博物馆后，由于工作关系经常去北京，只要一有空闲或是晚上总要去看望当时《人民日报》社长邓拓。在一起谈书论画，各自都有启发。从杨仁恺那里学的许多书画鉴定的理论和实践经验，使邓拓增加了收藏民族绘画的兴趣。邓拓出身于福建闽侯一个旧知识分子家庭，从小就酷爱文学艺术。他在1930年十八岁时参加了左翼联盟，同年加入中国共产党，积极从事革命活动。1937年秋到达解放区后，历任《晋察冀日报》社长，晋察冀新华总分社社长。解放后，任《人民日报》社长、总编辑和北京市委文教书记等职务。邓拓同志不论是战争年代，还是在和平建设时期，都以笔为武器，杀向敌人，讴歌真理与光明。他所留下的《燕山夜话》和《三家村札记》，字里行间无不跳动着一颗对党对革命赤诚的心，充满着对伟大祖国和中华民族的忠贞之爱，表现出对敌人的刻骨仇恨，对错误思潮、歪风邪气嫉恶如仇，不可调和的战斗精神。

解放战争期间南征北战，建国初期国事繁忙，使他无心顾及所好的书画艺术。直到1956年以后，共和国的经济建设、文化建设步入正轨，使他才腾出精力，在工作之余着手编著中国绘画史，同时用自己的稿酬和薪水，尽其所能地收藏一些散失在民间的书画艺术品，其目的也是为得到可信资料以助撰书。此举得到杨仁恺的大力赞赏和支持。在邓拓所收藏的古书画中要数北宋苏东坡的《潇湘竹石图》最为珍贵。整个过程杨仁恺经手，十分清楚。

那是1963年初夏的一天，有位白隆平老人从重庆带来一件原题为北宋苏轼《竹石图》到上海，准备出售。但提出两个条件：其一，必须承认苏卷是真迹。其二，价格少于八千元免谈。当时上海文管会负责鉴定书画的谢稚柳先生觉得画卷固然有极大的可靠性，因为有"轼为莘老作"款，画上有元统甲戌（二年）分书题，元人叶湜、郑定，明永乐间包彦肃多人，嘉靖杨慎以下诸题，皆认为苏轼墨迹。但是条件未免苛求了一些，故表态迟迟。白氏未得回话，即转赴北京，先去团城文物局找张珩先生，他两人是旧相识。但所提出的条件，使张珩当时无法允应。后张珩因公外出，白氏不耐久等，后转去故宫博物院，却被认为是明人伪品退回。后来通过琉璃厂一个画店介绍给邓拓。当时正逢杨仁恺出差到北京，邓拓找到他，道明此事，要听取他的意见来定夺。杨仁恺早年在重庆就与白氏有交往，知道白氏深藏书画珍品，而又曾经见过几次此画卷细味。邓拓了解实情之后，

二二二 1990年6月，杨仁恺和邓拓夫人丁一岚合影

于是下定决心收购。但手边却没有这一大笔存款，他将全部《燕山夜话》的稿费拿出来，最后只能凑足五千元，他恳请杨仁恺从中代为疏通，由于邓拓的诚挚和杨仁恺的劝说，感动了白老先生，邓拓高兴地收藏了此画。

殊不知，文化大革命中"四人帮"以种种卑劣的手段对邓拓横加罪名，将深为广大读者喜爱的《燕山夜话》说成是"反党黑文"，"三家村"被打成"反党集团"，还硬说他凭借地位来搞收藏（古书画）牟利。制造了一起震动全国的特大冤案。邓拓同志无辜遭受打击诬陷，却没有为自己申辩的权利。面对"四人帮"一伙的淫威，他宁折不屈，以死抗争。杨仁恺亦随之受株连，被打成"三家村东北分店代理人"，惨遭迫害。

粉碎"四人帮"以后，重新获得自由的杨仁恺久久不能放下的一桩心事，就是要把"四人帮"强加在邓拓身上的罪名给翻过来，他四处奔波呼吁为邓拓落实政策。中共十一届三中全会以后，天空笼罩的乌云一散而去，在北京八宝山革命公墓，中央为邓拓举办了隆重的追悼会。杨仁恺又和黄胄、周怀民积极协助邓拓夫人丁一岚举办了邓拓生前捐给中国美术馆的作品展览，地点就在中国美术馆。"邓拓的死实在太冤枉了"，这是杨仁恺内心发出的悲愤之言。在举办"邓拓遗作展"时，在开展之前，他曾为此撰写一篇《人间遗墨若南金——记邓拓原藏苏轼〈潇湘竹石图〉》刊在《光明日报》1982年1月3日第四版上，又在《人民画报》上发表了邓拓生前曾收藏过的苏东坡的《潇湘竹石图》。用志哀悼，并为邓拓本人苦心

二二三　1999年12月15日，杨仁恺访美时与美国华盛顿弗利尔博物馆馆长毕奇合影

二二四　1981年3月在克利弗兰艺术博物馆东方部主任何惠鉴先生家为参加研讨会的部分代表举行的鸡尾酒会上杨仁恺与弗利尔艺术馆的傅申合影

辩诬，尽一点作人为友之道（图二二二）。

杨仁恺于 1981 年和 1985 年、1996 年、1999 年前后多次访美，参观了十几所著名的博物馆（图二二三、二二四），观摩了流佚在美国的中国古代珍贵书画，感慨万千。而对热情接待，一直陪同他的老朋友何惠鉴夫妇更是倍加感谢，因为在语言不通的异国他乡，这无疑是一种雪中送炭。

何惠鉴先生卒业于燕京大学，研究文史，40 年代作为国际知名学者陈寅恪先生在前岭南大学的助手，中国文史的根基甚为深厚，为美籍华人中之翘楚。他从事中

二二五 1992 年 8 月 24 日杨仁恺与日本知名书法家今井凌雪合影

二二六 1981 年秋，杨仁恺陪同贾兰坡先生参观沈阳新乐遗址

二二七　1987年3月，　　二二八　1986年1月在江苏太仓县，杨仁恺与朱屺瞻、应
杨仁恺在杭州与沙孟　　野平的合影
海先生合影

二二九　1997年12月26日，杨仁恺　二三〇　1997年10月，杨仁恺前往大连看
与顾廷龙同志拜望并与赵朴初副主席　望罗继祖先生，畅谈治学之道
伉俪合影

二三一　1986年1月，杨仁恺在上海　二三二　1994年3月16日杨仁恺与钱君匋
衡山饭店与刘海粟夫妇合影　　合影

二三三　1992年5月26日，杨仁恺与黄胄在辽博观画

二三四　1994年5月20日，杨仁恺赴京参加荣宝斋举办的"启功与韩国金膺显书法联展"，见到启功如久别重逢，互相拥抱

二三五　1995年4月9日，杨仁恺在老舍先生家与其夫人胡洁青聊天

二三六　1999年4月30日，杨仁恺与王世襄、朱家溍等合影

二三七　2003年10月29日，杨仁恺在北京李可染家与其夫人邹佩珠合影

二三八　1994年3月16日，上海市文化局为刘海粟先生举办百龄寿辰庆祝活动，冯其庸和杨仁恺分别为刘海粟和朱屺老祝酒

国及东方艺术的研究，于40年代后期从哈佛大学出任克利弗兰博物馆东方艺术部主任。他和杨仁恺在研究中国古代绘画史论及书画鉴定学方面，已有多年的友好交往。在访问结束即将离开美国之际，杨仁恺心潮起伏，挥毫赋诗答谢友人：

（一）

长空数万里，此去越重深。

异域风物改，相知心意长。

此间有知音，何来参与商。

语言虽有别，文物通八方。

华夏源流久，精神弥大荒。

欲借东风力，文化大发扬。

（二）

金门湾与桃花潭，似矢春光易小年。

万里相将一握别，骊歌几唱倍怆然。

（三）

金门湾水平如镜，惜别心情胜似潮。

道德文章长堪忆，风仪应比金山高。

在书画艺术界中，杨仁恺结识了许许多多的朋友，如刘海粟、启功、黄胄、沙孟海、王世襄、老舍夫人胡洁青、钱君匋、张伯驹和侨界友人王己千、王方宇、方闻、翁万戈等一些知名书画家。和他们几十年的相处结下了深厚的情谊，留下了如诗如画般的美好记忆，令他终身难忘。（图二二五～二三八）

（三）浓浓亲情与爱心

1.人生恩爱本无价

1998年5月29日（即农历五月五日），是杨仁恺的夫人刘文秀女士八

二三九　小儿子杨军1992年回国时杨仁恺合家欢。后排右起：小儿子、二儿子、大儿子、大女儿、二女儿、小女儿

二四〇　杨仁恺夫妇在书房中

十岁寿诞日，这一天并没有什么规模盛大的庆寿活动，只是儿女孙辈欢聚一堂，吃了一顿团圆饭，共同祝福二位老人快乐、安康（图二三九）。此时此刻，杨仁恺望着和自己相濡以沫、甘苦与共五十七年的妻子，心中百感交集，脑海中浮现出半个多世纪的一幕幕……（图二四〇）

自从1941年与正在小学教书的娴淑、娇柔的文秀姑娘结为夫妻后，妻子就与他相知相爱，成为他的精神寄托和贤内助。但身为丈夫的他也不是那种满脑子封建思想的人，他主张妇女当自强、自力，他鼓励妻子去读书求学，做一个知识女性。他们当时已生育一个女儿，但还是克服身为人母的困难，毅然地报考了四川教育学院。因为当时的教育师范院校都是公费念书，

二四一　杨仁恺与夫
人刘文秀

二四二　真挚的爱

二四三　杨仁恺与长子杨健、儿媳王琦在深圳合影

二四四　杨仁恺夫妇与二女儿杨蓉裳合影

就连伙食费都可以免掉，否则他们俩也是交不起学费的。大学毕业后，又回到中、小学当教师和校长，此后一直伴随着杨仁恺从四川到北京转东北。那时他们已有四个儿女，还有母亲、大姐和外甥女在一起生活，一家十几口人的性格、情趣各异，难免磕磕碰碰。可是作为儿媳的文秀每天上班忙于学校的教书工作，回家还要操持家务，照顾婆婆，教育子女。几十年如一日，没有和婆婆红过脸。吃苦、劳累而无怨地默默奉献着（图二四一）。

　　夫妻结合的基础是"爱"，纯洁的"爱"之外，还要有一个"敬"字，这比起"爱"来就更难了。古人云，夫妻相敬如宾。"夫之为言扶也，妻之为言齐也，一与之齐，终身不改。"正是因为有夫人文秀这样的贤内助，才能使杨仁恺几十年中无后顾之忧，一心扑在他的事业上（图二四二）。

　　他的家庭是一个和谐幸福的家庭，老两口"齐家"堪称"楷模"。对儿孙辈严格要求，从小就教育他们做人做学问的道理（图二四三）。要求他们不要依赖父母，要自力自强。大儿子博士研究生毕业后，从事金融工作，二儿子和小儿子均在国外读硕士研究生毕业，一个是大学常务副校长，一个在国外从事电脑科研工作，成绩斐然。孙辈们也都在国内外知名学府攻读博士、硕士研究生，个个学有所成。社会上有许多知名的书画家，人老了，儿女们也都开始打起老人的算盘了，不但不孝顺，反而气得老人无可奈何。而杨仁恺家的六个儿女，个个有出息，个个都孝顺，这是大家公认的。杨仁恺有时诙谐地说："总算没有给社会出次品。"每当和他的儿女们谈及此话题时，他们都是这样说："我爸爸的事业是他自己几十年奋斗取得的，他对我们要求很严，对他工作上的事情我们从来都不介入。我们从来都不沾我爸爸的光，我们几个子女的前途、事业都是靠自己去拼搏所得（图二四四）。"

　　"清清白白做人"是杨仁恺做人的准则。几十年来，经他手的珍贵书

二四五　1995年摄于家中

二四六 乐观向上的夫人刘文秀是个乒乓球爱好者，年轻时曾打得一手好球。此为八十八岁还在打球

二四七 杨仁恺与夫人刘文秀赋诗合影

画无数，只要他私心一动，就会有价值连城的收获，然而杨仁恺却从不动心。他说："这些珍贵的书画都是属于国家的，谁打它们的主意，谁就将成为历史的罪人。"就连他从事文博工作五十年时省政府为他举办纪念活动，国内外许多知名的大画家、书法家、著名人士为他祝贺创作的百余件书画作品，他都全部交给辽宁省博物馆收藏。他不仅自己是这样做的，而且一再告诫儿女，要清清白白做人，做一个对国家有用的人（图二四五）。

杨仁恺与夫人刘文秀五十年来朝朝暮暮，使他不能忘却的是文化大革命期间，夫人为他担惊受怕。那时候夫人文秀是沈阳教育学院的教师，本不应该与丈夫同受折磨。然而却受牵连，一家老小被迫到穷困的岫岩山区插队，一去就是两年多。在那偏僻的山沟里，她要养猪喂鸡，做饭洗衣，照顾孩子，空闲时间还要在灯下为杨仁恺的《国宝沉浮录》手稿查抄材料。雨季时还得随时提高警惕，防止下雨屋漏，浇湿了书稿。在那些艰难困苦、精神备受压抑、身心备受摧残的时候，妻子总是以乐观向上的情绪鼓励丈夫，一定要挺住，坚持下去，总有一天会好的（图二四六）。

逝去的事情，往往在回忆中获得了一种当时并不曾有的感觉，这自然是时间的魔力所致，它会使现在的人们更加珍爱过去那种情份。 两位老人在时间的跑道上已经跑过了耄耋之年……杨仁恺从回忆中走出来，他用真挚的爱，浓浓的情，为夫人文秀八十大寿挥毫赋诗：

> 结伴六十载，儿孙已满堂。
>
> 各自奔前路，天涯任行藏。
>
> 老来长相守，诗书慰清凉。
>
> 而今过耄耋，腰腿犹小康。
>
> 往事尚能忆，苦乐未能忘。
>
> 但愿人长久，不问天地荒。（图二四七）

2.让世界充满爱

杨仁恺先生一直十分关心社会公益事业，2000年6月11日由"华航"空难大难不死的徐克强先生倡议，由《沈阳日报》和省红十字会主办的辽沈书画界和全社会广泛参与的为挽救白血病患者为爱心铺一条道的"7·13"书画义拍活动，一经《沈阳日报》连续刊发消息后，立刻在社会上引起广泛的影响。许多读者及一些企业家纷纷打电话，表达了对这次组织的我省著名书画家为辽宁造血干细胞库募捐义卖书画活动的热情关注与支持。八十八岁我省德高望重的人民鉴赏家杨仁恺对这次义拍活动，给予高度评价。他说："这是一次汇聚爱心的盛举，它将展现出书画艺苑中德艺双馨的爱心之花的芬芳。《沈阳日报》以人民的困苦为自己的困苦，组织辽沈书画界献出作品，举行这次捐赠辽宁造血干细胞库的书画义拍，帮助白血病患者解除痛苦，是人类爱心的一个鲜明突出的体现，这样的好事要多办，形成风气，发扬光大。"他率先挥毫与《沈阳晚报》主任、

二四八　沈阳晚报有关"7·13"的报道

美术编辑郭德福联袂创作出巨幅国画《马到成功》图。杨仁恺在题跋中写到：著名画家郭德福先生，为义助筹建辽宁省骨髓库而绘制丹青力作，因有所感，赋新诗七言一首以记之：

尝草悬壶赞本草，赤情如水流自今。

愿将丹青化瑞彩，留润百花春色新。（图二四八）

这次辽沈著名的书画家捐献出风格各异的国画、书法、油画、水彩画作品共三十一幅。装裱后在辽宁美术馆展出并义拍，取得了可喜的成果。这次活动展示出我省著名书画家充满爱心的美好艺术境界，成为辽沈文化活动中一道亮丽的风彩。

2003 年当"非典"病魔在中国肆虐的日子里，对于沈阳这样一座每天有成千上万的人涌入的交通枢纽城市而言，处在周边省市疫情非常严峻的包围之中，却做到了"无疫区"，这一成果来得相当不易。在这场城市保卫战中，沈阳市委、市政府下达了六十余条法规文件、公告通告，而且因成功地对全市企业进行了紧急调度、转产，使得救护物资在全国都紧缺的情况下，沈阳却能够基本满足人民防疫所需物品，而且还支援了周边城

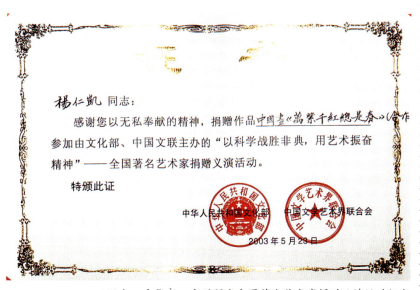

杨仁恺 同志：

感谢您以无私奉献的精神，捐赠作品中国画《万紫千红总是春》（合作参加由文化部、中国文联主办的"以科学战胜非典，用艺术振奋精神"——全国著名艺术家捐赠义演活动。

特颁此证

中华人民共和国文化部　中国文学艺术界联合会

2003 年 5 月 23 日

二四九　文化部、文联颁发全国著名艺术家捐赠义演活动证书

辽宁书画名家为抗非典一线医护人员挥毫泼墨

万金字画赠"白衣战士"

本报讯 首席记者张威 记者潘恩战报道 5月
2日下午，辽宁书画界的几位名家为在抗非典第一
奋战的"白衣战士"写就了价值40万元的书画作品。
中国著名鉴赏家杨仁恺先生、辽宁省美术家协会主

常宋雨桂，副主席冯大中等人的作品正在辽宁省博物馆
装裱，不日将通过辽宁省抗非典领导小组捐给一线的
医护人员。辽宁省文联领导表示：希望通过这个活动，号
召辽宁的文艺工作者都动起来以自己的方式抗击非典。

二五○　杨仁恺挥毫《同舟共济》巨幅书法献白衣
战士

市。这场战役不算间接投入，仅实际投入就已达上亿元之多，基本上构建起了应急防护体系。全市人民在抗击"非典"的日日夜夜，谱写了一曲曲可歌可泣的爱心交响曲。这突如其来的"非典"疫情，也深深地牵动着已经八十九岁高龄的杨仁恺先生的心。他多次参加全国（图二四九）、辽宁省、沈阳市文化艺术界向抗击"非典"一线医务人员捐赠书画的创作活动。辽宁画院原副院长杨德衡所作《白衣仙子图》（中国画，　八尺整宣），由杨仁恺具名并题跋；省政协委员吴云华绘《白衣天使图》，也由杨仁恺具名并题跋；他又亲自挥毫《同舟共济》巨幅书法作品，向战斗在抗击"非典"第一线的最可爱的人奉献出自己的一份爱心（图二五○）。

原辽宁省文化厅老领导战力光在接受笔者采访时说过："党的十一届三中全会以后，杨仁恺焕发了青春，他光荣地加入了中国共产党，身上的能量大大地显示出来，他更加为博物馆事业兢兢业业地忘我地工作着，处处以党员的标准严格要求自己。"杨仁恺老先生经常应邀到世界各地去讲学，开学术研讨会，他到过很多国家。计算一下，他一年大约有三分之一的时间在国外活动，有三分之一的时间在国内活动，只有三分之一的时间在沈阳。因此经常是老伴一个人在家，年岁大了行动不便，几年前经朋友帮忙介绍了一位四川妹子做保姆，一晃就过了六七年。老两口视她如自家孙辈（图二五一），让她学电脑、读书看报，教她做人的道理。姑娘渐渐大了，两位老人又开始考虑到她的前程。尽管舍不得离开，但还是重新找

二五一　杨仁恺与军旅记者张力德观画，右一为小保姆

二五二　2002年1月30日，小保姆放假回沈看望杨爷爷和奶奶

了一个女孩来代替她，并将她送到她大女儿所在的大学去进修学习，希望她通过进修提高文化水平后考取大学本科深造。

去年八月，女孩给杨先生打来报喜的电话，通过半年的补习，女孩如愿地考上了大学。进入大学后，杨仁恺常常在电话里告诉她，要珍惜这机会，好好学习专业课程。希望她学以致用。凡是到过杨仁恺家的人都会羡慕地说：到杨老家做保姆真是有福气(图二五二)。

《辽宁日报》2003年9月8日第13版社会栏目中，记者柏岩英有这样一篇醒目的报道"林红艳杨仁恺和我的大学"。讲的是林红艳送她的养子上大学的事(图二五三)。林红艳是沈阳市"诚的联盟艳文出租汽车公司"的一名女司机，十八年来她共助养了十三名贫困、破裂家庭的孩子和孤儿。2003年9月4日，被评为"沈阳市文明市民"，林红艳最怕的就是每学期开学的日子。孩子们一开学就要交一大笔费用，十三个孩子一年的学费和杂费加起来就得几万元，她卖掉了自己的出租车，将自己经营多年的餐馆出兑……当她领养第八个孩子的时候，她的丈夫再也无法容忍她的做法与她离婚而去。

阎育涛是林红艳助养的第七个孩子，那时阎育涛才十四岁，和林红艳的儿子是同学，经常来她家玩。接触中林红艳得知阎育涛的母亲已患病多年，父亲因腰疾无法承受繁重的工作，阎育涛只能和七十多岁的奶奶生活在一起，随时都有辍学的可能。每次阎育涛从林红艳家走后，孩子的影子总是在她的脑海中挥之不去，她已放心不下，产生了助养这个孩子的想法。后来她到孩子的家里，将自己的想法说明，孩子的家人当然同意。从此林红艳的生命里就多了阎育涛这个儿子。

2003年8月初，对林红艳一家是个开心的日子。她家的两个孩子相继接到大学录取通知书，而随着孩子开学日期的临近，学费的问题压得她喘不过气来，她的一个孩子沈默考上了沈阳大学，每年的学费是4200元。阎育涛考上了沈阳工业学院，每年的学费是1.2万元，

二五三　"林红艳 杨仁恺和我的大学"的报道

再加上杂费和生活费就得好几万元，这使得已欠下五万多元外债的林红艳寝食难安，有人劝她撑不下去就别让孩子们念了。林红艳知道，如果自己决定不让他们念书，他们绝不会怪她。但林红艳坚决地说："既然我助养了他们，我就要对他们负责。"到了8月末，她整天为学费的事情四处奔走筹款，可是还无着落。一个偶然的机会，杨仁恺得知了这件事情。老人家决定帮助这两个孩子读书，他找到了林红艳，8月29日杨仁恺带着林红艳和两个儿子来到"天一庄"，亲笔挥毫写下一幅字，被沈阳万盟集团董事长谷峰先生以两万元买走。杨仁恺当场将这两万元钱全部捐给这位可敬的母亲。老人对阎育涛和沈默说，我对你们只有一个要求，我要看你们的学习成绩。9月1日，沈默拿着老人捐助的学费走进了沈阳大学的校园，开始了新的大学生活。

没有人会想到杨仁恺和孩子们的情缘还会继续。一个周末，杨仁恺的任沈阳工业学院常务副院长的二儿子杨康教授回家看望父母，老人就对儿子讲起林红艳女士助养孩子的感人事迹。并告诉他，林红艳领养的一个孩子今年已考上了沈阳工业学院，询问学校对这种事情是否可减免学费，而他却没有告诉儿子自己为林红艳的孩子捐助学费的事情。儿子回到学校后，就将这件事情向学院领导反映了。经过学校院务会议讨论研究，决定全部减免阎育涛第一年的学费1.2万元，并帮助他找了一份勤工俭学的工作。按学校规定，学费只能是一年一减免。工业学院党委副书记许荣华对记者说："阎育涛是他们学校惟一一名学费被全部减免的学生。"

杨仁恺是当今国内外知名人士，著名的文物鉴赏家，可是他仍然是依靠工资生活。如今许多年轻的书画家，都住上了宽敞明亮的豪宅，而他们老两口仍住在一栋非常普通的小区楼房内，190平米的居室，不十分宽敞，光线也不很明亮，装修简单。除了书籍、字画之外，就是绿色植物。他的夫人说，绿色是为了给杨仁恺养眼睛的。而他的生活也非常俭朴，平时经常穿着一件穿了多年的夹克衫，一日三餐与平常人家没有什么两样，不吸烟，不饮酒。可是每当博物馆有捐助灾区、支援希望工程的号召时，他捐的钱数总是全馆第一。他曾将在国外讲学的报酬，交给馆里；他曾将美籍华人赠送给他研究所用的几千美金资助一位在中央美院读研究生的学生，毕业后又将他招聘到辽宁省博物馆工作，四处找人为其办理转正的手续。他对每月缴纳党费非常认真，就是出国在外也委托同志代他交，且经常是超过规定的数额。他出国访问，从来不要馆里的补贴，他挂在嘴边的一句话就是："馆里的经费不足，我不能给馆里增加负担。"诸如此类的事情，笔者如数家珍。

3.尾声

笔者曾经读过一本宁夏人民出版社的《罗飞诗集》，其中有一首赞美银杏树的诗篇：

> 一棵银杏树，
>
> 长在山间。
>
> 树冠茂密，
>
> 而枝干曲曲弯弯。
>
> 周围全是怪石，
>
> 小草在这儿也会萎谢枯干。
>
> 当它刚从石缝中，
>
> 探出柔嫩的枝条，
>
> 有多少石头把它阻拦。
>
> 头顶上也覆盖着，
>
> 倾侧的石壁。
>
> 当年它寻找太阳，
>
> 该有多少艰难。
>
> 从透过的一线天光，
>
> 现在可以瞥见树皮棕色的皱折里，
>
> 闪烁着晶亮的水珠。
>
> 是高兴的泪？也许是劳动的汗。

让不规则的年轮，

盘进勤苦的身子。

让沸腾的灵感，

化为葱密的叶片。

扇形的叶片，

全都昂然向上。

哦！

这是感激太阳的恩惠，

这是继续无畏的攀援。

笔者读了许多遍，诗中没有太多华丽的词藻，也没有过于感人的语言，只是感受到它太质朴、太实在（图二五四）。中国的银杏树，笔者一生最喜爱。它一千七百万年前就已经生活在地球上，那时与巨大的恐龙为伍，由于地球变迁，恶劣的环境使地球上的生物绝大部分死掉。惟独中国的银杏树得以存活，被冠以"活化石"之名，这大概是轩辕氏的灵气荫庇的结果吧。它夏天绿树成阴，漫步树阴下，给人们丝丝清凉；秋天叶片金黄，白果累累。果实

二五四　杨仁恺在新加坡植物园留影　　二五五　杨仁恺将一生献给共和国的文化艺术事业

二五六　荣获全国文化系统先进工作者称号的奖牌

既可以入药，又可制成蜜饯食用。树干质细，韧性极强，可以制作高档家具……银杏树一身是宝，它将自己的全部毫无保留地捐献给人类（图二五五）。杨仁恺这位鹤发童颜的九旬老人，从旧社会走过来备受磨难，在共和国的阳光下，施展着人生的才华（图二五六），有着一颗金子般善良纯朴的心，不正可与这国宝级的银杏树同日而语吗（图二五七）！

二五七　1987年6月摄于黄山，品味人生

杨仁恺学术年表

1915 年 10 月 1 日	出生于四川省岳池县。
1921 年	六岁时进入县里一家私塾馆读书。
1923 年	八岁时进入县立城南小学读书。
1932 年	十七岁时考入重庆共立高级中学就读旧制高中理科，只读一年辍学。在成都私立群觉女子中学任教、兼求精印刷厂校对员。
1939 年	曾任重庆得光印书局协理、巴蜀印刷厂经理。
1949 年	在重庆私立长江音乐专科学校任教员。
1950 年	受聘于东北人民政府文化部文物处研究室研究员。参加由东北银行保存的从末代皇帝溥仪携逃中被截获的长春伪皇宫佚目书画：唐周昉《簪花仕女图》、五代董源《夏景山口待渡图》、宋徽宗摹张萱《虢国夫人游春图》、晋人《曹娥诔辞》、文天祥《木鸡集序》等一百二十余件历代法书名画拨交东北博物馆的接收工作 。
1951 年	发现北宋张择端《清明上河图》。
1952 年 4—6 月	受东北文化部派遣前往长春清查伪皇宫流散文物。
1952 年 6 月	调东北博物馆（今辽宁省博物馆）任研究员。
1952 年 6—12 月	参加东北博物馆在沈阳、北安两地的藏品清理工作。同年参与筹办"中国古代书画特展"。完成《辑安高句丽壁画墓概述》（于 1992 年发表）。
1953 年 1 月	参与主持"伟大祖国古代艺术特展"。
1953 年 2 月	向东北博物馆捐献清高岑《江山千里图》。
1953 年春	在东北人民政府文化部主办的"文物博物馆干部训练班"上授课。
1953 年 5 月	发表《〈聊斋志异〉原稿与"青柯亭"刻本校雠记略》。
1953 年	参加筹办基本陈列"历史文物陈列"。

1954年春	在东北行政委员会文化局举办的"第二届东北地区文物博物馆干部训练班上授课。
1954年4—6月	参与收集齐白石作品,并主办"人民画家齐白石画展"。
1954年6月	发表《谈〈聊斋志异〉原稿》。
1954年7月	发表《〈虢国夫人游春图〉的初步剖析》。
1954年7月	建议并主持聘请金振之、冯忠莲、陈林斋、王宗光、李伯实等人到辽博复制古画。
1954年9月2日	主持接收东北军区政委周桓向我馆捐赠《唐摹王羲之万岁通天帖》、元王蒙《太白山图》等及革命文物共计四十四件。
1955年4月	发表关于《〈聊斋志异〉原稿影印本"出版说明"的几点考察》。
1956年2月	发表《对王逊先生有关民族绘画问题若干观点之我见》。
1956年10月年	完成夏珪《〈长江万里图〉一文说明了什么?》(1993发表)。
1956年12月	发表《关于民族绘画问题讨论几个主要观点的再认识》。
1956年	当选为沈阳市政协委员。
1957年1—2月	参与举办"宋、元、明、清丝绣特展"。
1957年3月5日	参与举办"历代法书真迹特展"。
1958年2月	发表《〈聊斋志异〉的"民族思想"在哪里? 一文的商榷》。
1958年5月	发表《谈周昉〈簪花仕女图〉》。
1958年9月	发表《关于唐周昉〈簪花仕女图的商榷〉一文的管见及其它》。
1958年	经手从北京购入明代沈周的《淇园春雨图》。
1959年2—5月	由中国美术家协会辽宁分会主席施展领导,杨仁恺主持,辽宁美协、鲁迅美术学院、辽宁美术出版社和辽宁省博物馆协作对我馆藏古代名画进行临摹工作,其规

模是解放以来最大的一次。摹制者为冯二牛、宴少翔、钟质夫、季观之等著名画家。摹制作品有宋李公麟《明皇击球图》、宋李成《寒鸦图》、宋李公麟《九歌图》等八幅，入藏辽宁省博物馆。

1959 年 5 月	参加编写辽宁省博物馆藏《宋元画册》，由辽宁画报社出版。
1959 年 10 月	参加筹办"伟大祖国造型艺术展"，庆祝建国十周年。
1959 年	在《文物》第二期发表《对唐周昉〈簪花仕女图〉的商榷的意见》。
1960 年 1 月 22 日	经手购入周之冕《设色花鸟草虫卷》、祝允明《草书七言律诗立幅》、唐寅《行书吴门避暑诗立幅》、石涛《水墨兰花册》、王原祁《设色山水立幅》、边寿民《白描花果册》、华嵒《梧桐鹦鹉立幅》、罗聘《行旅图》等三十三件。
1961 年春	参加《辽宁省博物馆历史艺术陈列大纲》的编写工作。
1961 年 6 月	参加筹办辽宁省博物馆与北京故宫博物院联合举办的"中国古代十大画家作品展"工作及座谈会。
1961 年 10 月	参加编辑《辽宁省博物馆藏法书选集》（一函二十册）出版。
1961 年 12 月	参加编辑《齐白石画册》，由辽宁人民美术出版社出版。并发表《齐白石老人系年录》。
1961 年	参加举办"齐白石作品展"、"历代法书真迹展"和"近代画家任颐作品展"等特展。
1962 年 3 月	发表《宋徽宗赵佶〈草书千字文〉及其他》和《〈宋人寒鸦图〉析》。
1962 年夏	参与辽宁省博物馆与北京故宫博物院联合举办的"石涛、华嵒和扬州八家书画展"筹备工作。
1962 年 7 月	发表《宋徽宗赵佶〈方丘季享敕〉考》。

1962 年 8 月	编选《辽宁省博物馆藏画集》。
1962 年 8—9 月	参加中央文化部书画鉴定小组在辽宁省博物馆的书画鉴定工作。
1962 年 10 月	为香港大公报撰写学术文章《读欧阳询〈梦奠帖〉》。
1962 年	由朝花美术出版社出版专著《簪花仕女图研究》。
1962 年	发表论文《关于〈史可法书札〉的考识及其他》。
1963 年 1 月	发表《唐怀素〈论书帖〉刍议》。
1963 年	发表《跋唐人怀素〈论书帖〉真迹》。
1963 年 2 月	发表《唐张旭的书风和他的〈古诗四帖〉》。
1963 年 5—6 月	主持"铁岭高其佩指头画展"。
1963 年	经手购入吕纪《梅石狮头鹅立幅》、徐渭《芭蕉梅花立幅》、唐寅《悟阳子养性图卷》、孙克弘《竹菊立幅》数件。
1964 年 4 月	在《中华文史论丛》第四辑发表《晋人书〈曹娥碑〉墨迹泛考》（后《沐雨楼书画论稿》中收入时文章有所修改和补充）。
1964 年 6 月	发表《略谈徐悲鸿艺术创作的道路》。
1964 年	参与馆藏《曹娥诔辞墨迹》等四帖在上海朵云轩的复制出版工作。
1964 年 11—12 月	参与征集中央领导人、文化艺术界名人、专家学者、民主人士为我馆书写的毛主席诗词书法作品三百余件。
1964 年	经手购入高其佩指画《钟馗立幅》、王原祁《设色西湖十景图卷》、何浩《万壑松涛图卷》、陈鉴如《竹林大士出山图》数卷。
1974 年 2 月 20 日	经手购入祝允明楷书《东坡记游》等明清书画三十四件。
1975 年	经手购入沈周《淇园春雨图》残段，与他 1958 年在北京琉璃厂为辽博购得的同画残段,恰为一件文物的两段。
1975 年 12 月	发表《叶茂台辽墓出土古画的时代及其他》。
1976 年 5 月	发表《关于〈簪花仕女图〉的再认识》。

1977 年 6 月	辽宁省文物出口鉴定小组成立，担任鉴定小组成员。
1977 年 8 月 1 日	吉林大学教授于省吾先生通过他的关系将个人所藏王宠《泥金草书扇面》、元人《双钩竹立幅》、王国维《致雪堂书札册》等明清书画五十九件捐赠辽博。
1977 年 10 月	在馆内接待以伯克利亚洲大学艺术系主任高居翰为团长的美国"中国古代绘画代表团"的来访。团员有克利弗兰博物馆何惠鉴、普林斯顿大学教授方闻、弗利尔博物馆东方部傅申等。
1978 年 1 月 17 日	北京师范大学教授启功先生通过和他的关系将所藏《年羹尧题墨竹横幅》、《和亲王书中堂》等十九件书画捐赠辽博。
1978 年	在《书法》创刊号上发表《关于〈古诗四帖〉的初步探索》。
1978 年 4 月	发表《读〈唐代人物画家周昉〉质疑》。
1978 年 6 月	完成《叶茂台第七号辽墓出土古画的综合研究》。
1978 年 9 月	发表《对叶茂台辽墓出土古画的再认识》。
1978 年	出版《高其佩》一书。
1978 年	发表《"文人画"刍议兼论"书画同源"说》。
1978 年 11 月	参与编辑上海人民美术出版社出版的《艺苑掇英》第三期《辽宁省博物馆》专刊出版发行工作。
1979 年	在《艺苑掇英》第三期发表《欧阳询〈梦奠帖〉考辨》。
1979 年	在《中国文物》第一期发表《对〈簪花仕女图〉的一点剖析》。
1979 年	在《辽宁书法》第一期发表《欧阳询行书千字文墨迹辨》。随后在辽宁美术出版社发行的影印单行本撰写的后记中，对于墨色浓淡、行书水平，逐条阐明被误认为廓填之故。
1979 年 4 月	发表《宋徽宗赵佶〈蔡行敕〉考辨》。
1979 年 5 月	任辽宁省博物馆副馆长。

1979 年 5 月	发表《唐孙过庭〈千字文第五本〉墨迹考》。
1979 年 5 月 29 日	出席国家文物局在合肥召开的"全国省、市、自治区博物馆工作座谈会"。
1979 年 9 月 26 日	接待以田中五郎为团长的全日本书道联盟访华团来馆访问。
1980 年 1 月	发表《试谈文天祥和他的〈木鸡集序〉》。
1980 年 1 月 10 日	接待由我国外交部副部长何英、中国驻埃及大使姚广、辽宁省省长陈璞如陪同来我馆参观的阿拉伯埃及共和国副总统胡斯尼·穆巴拉克偕夫人一行，并题词留念。
1980 年 2 月	任辽宁省文物出口鉴定小组副组长。
1980 年 2—3 月	举办"清代铁岭高其佩画展"。
1980 年 4 月	担任辽宁省博物馆学术委员会副主任。
1980 年 4 月	主持编辑的《辽宁省博物馆藏画集》(续集)出版发行。
1980 年 5 月 1 日	接待日本讲谈社社长服部敏幸先生率团来馆参观。
1980 年 5 月	举办"馆藏历代法书真迹展览"。
1980 年 7 月	发表《略谈故宫散佚书画概况和对孙过庭〈千字文第五本〉著作的初步考察》。
1980 年	发表《唐人〈簪花仕女图〉研究》。
1980 年	发表《试论指头画家高其佩的艺术成就》。
1981 年 2 月	发表《关于宋孝宗赵眘〈后赤壁赋〉的几点考察》。
1981 年 3—4 月	应克利弗兰博物馆邀请，参加"中国八代遗珍"国际学术讨论会，发表《叶茂台七号辽墓出土古画的综合考察》，在美期间考察美国博物馆所藏中国书画收藏情况。
1981 年 3 月 23 日	接待日本泛亚细亚文化交流中心理事长森住和弘先生来馆访问。
1981 年	当选中国书法家协会理事，辽宁书法家协会第一副主席和辽宁美术家协会副主席。
1981 年 3 月	发表《从宋陆游〈自书诗稿〉谈到他书法艺术的成就》。

1981 年 5 月 18 日　接待著名美籍学者翁万戈夫妇来辽博访问。

1981 年 7 月　　　接待加拿大国立美术馆馆长时学颜女士来辽博参观访问。

1981 年 8 月 11 日　辽宁省博物馆学会成立大会暨第一届学术研讨会在金县召开，并当选为副理事长。

1981 年 8 月 21 日　接待美国波士顿博物馆东方部主任吴同先生来馆参观访问。

1981 年 9 月　　　发表《〈晋文公复国图〉管窥》。

1981 年 9 月 16 日　接待由中国友协负责人张平化陪同的日本公明党主席竹入义胜先生一行来辽博参观访问。

1981 年 10 月　　　举办"馆藏晋唐宋元法书真迹特展"。

1981 年　　　　　由上海人民美术出版社出版《名画鉴赏——簪花仕女图》。

1981 年　　　　　由上海人民美术出版社出版《名画鉴赏——茂林远岫图》。

1982 年 3 月 23 日　出席在北京召开的"中国博物馆学会成立大会暨首届学术讨论会"，并当选为理事会理事。

1982 年 5 月　　　发表《宋高宗赵构的书法艺术和他的〈洛神赋〉考》。

1982 年 7 月　　　著名古文字学家、吉林大学教授于省吾和著名画家周怀民先生通过和他的关系联合向辽博捐赠传利玛窦作《设色野墅平林图》。

1982 年 8 月 8 日　接待以今井凌雪为首的日本雪心会书法友好访华团来馆观摩书法藏品。

1982 年 8 月 8 日　主持举办"陈少梅遗作展"。

1982 年 9—10 月　主持举办"馆藏唐宋元明清法书真迹展"。

1982 年 9 月　　　接待以田中冻云先生为团长的日本"辽宁省历代书法名迹展参观访中团"来馆参观。

1982 年 9 月　　　主持编辑的馆藏《宋元明清缂丝》，由文物出版社出版发行。

1982年9月	主持编辑的《辽宁省博物馆藏法书选集》（第二集），由文物出版社出版发行。
1982年10月	接待日本泛亚细亚文化交流中心理事长森住和弘先生来馆参观访问。
1982年12月	筹备"纪念意大利科学家利玛窦来华四百年文物展览"及座谈会。于1983年1月27日在辽博召开。
1982年12月	发表《试论魏晋书风及王氏父子的风貌》。
1983年	主持《辽宁省博物馆藏刻丝刺绣》编辑工作。
1983年2月	任《辽宁文物志》编纂委员会副主任。
1983年2月	发表《〈真妃上马图〉析》。
1983年2—3月	应日本泛亚细亚文化交流中心邀请，赴日本进行学术访问。
1983年3月	发表《略谈张即之的书法风貌和大字〈杜诗卷〉》。
1983年5月	发表《关于欧阳询〈行书千字文〉的考辨》。
1983年5月	发表《略谈宋欧阳修〈自书诗文稿〉》。
1983年8月	中央宣传部主持的"全国书画巡回鉴定专家鉴定小组"成立，他为鉴定小组成员之一。
1983年8月	组织《书法丛刊》第六期——辽宁省博物馆专辑出版发行。
1983年8月	在《书法丛刊》第六辑中发表《唐欧阳询〈仲尼梦奠帖〉的流传、真赝和年代考》。
1983年9月	发表《辽代绘画艺术综述》。
1983年10月	作为辽宁省书法展代表团成员赴日本富山、神奈川两县参加"中国辽宁省书道展"，同时出席"京都国际美术史年会"。
1983年10月	组织编辑由上海人民美术出版社出版发行的《艺苑掇英》第二十二期——辽宁省博物馆专辑出版。

1983 年 12 月	组织编辑的《辽宁省博物馆藏画》由上海人民美术出版社出版发行。
1983 年 12 月	参与编辑《中国博物馆丛书·辽宁省博物馆》由辽博主编、日本讲谈社印刷、文物出版社发行。
1983 年	当选为辽宁省第六届人大常委会常委。
1984 年	受聘为中央美术学院客座教授、研究生导师。
1984 年 1 月	发表《朱熹〈蔡州帖〉浅谈》。
1984 年 2 月	发表《明沈周〈落花诗〉墨迹浅识》。
1984 年 5 月	出席在北京召开的"全国文物工作会议"。
1984 年 9 月 20 日	被任命为辽宁省博物馆名誉馆长。
1984 年	随中央书画鉴定小组在北京鉴定书画。
1985 年 1 月	发表《人间遗墨若南金——记邓拓鉴藏苏轼〈潇湘竹石图〉》。
1985 年 2 月	发表《中国明代绘画艺术述略》（中国美术全集）。
1985 年 3 月	发表《书林三讲——在美国纽约大都会艺术博物馆国际学术会上的报告》。
1985 年 5 月 22 日	应纽约大都会博物馆邀请，赴美国参加"字与画、中国诗歌、书法和绘画"国际学术讨论会并做学术报告，访问美国和加拿大各大博物馆。
1985 年 6 月 7 日	接待日本书道访华团来馆参观馆藏书法作品。
1985 年 7 月	当选为辽宁省老年文物研究会理事长。
1985 年 10 月	参加北京故宫博物院建院六十周年活动。
1985 年 10 月	发表《辽、金、西夏书画艺术初探》。
1985 年 11 月 6 日	当选为中国博物馆学会第二届代表大会名誉理事。
1985 年 11 月 26 日	当选为辽宁省考古博物馆学会第二届理事会名誉会长。
1985 年	被聘为全国文物鉴定委员会委员。
1985 年	随中央书画鉴定小组在上海鉴定书画。
1986 年 2 月	发表《元鲜于枢补临唐高闲〈千字文〉考》。

1986 年 2 月	通过他的关系,著名画家谢稚柳、陈佩秋夫妇将个人绘画作品七幅捐赠辽宁省博物馆入藏。
1986 年 2 月	通过他的关系,徐潜将其父徐燕荪先生遗作两幅捐赠辽宁省博物馆入藏。
1986 年 3 月	通过他的关系,著名书法家王遽常、画家徐子鹤将个人书画作品捐赠辽宁省博物馆。
1986 年 4 月	发表《淮安王镇墓出土古画考》。
1986 年 7 月	主持由辽宁省博物馆编辑、日本讲谈社印刷的《中国书迹大观·辽宁博物馆》(上下册,豪华本)出版。
1986 年	《叶茂台第七号辽墓出土古画的综合研究》获辽宁省社科联名誉奖,一文由日本《国华》杂志转载。
1986 年 10 月	发表《对朱熹〈书翰文稿〉的初步探究》。
1986 年	随中央书画鉴定小组在江苏、南京地区鉴定书画。
1987 年 1 月	经手购入明唐寅《草屋蒲团图》。
1987 年 3 月	发表《北宋李成〈茂林远岫图〉与传世著作之比较研究》(此稿为 1981 年赴美国克利夫兰博物馆参加"八代遗珍"特展的国际学术讨论会论文又经修改后的稿)。
1987 年 4 月	经手从浙江购入历代瓷器、铜器、玉器等总计五十二件文物入藏。
1987 年 4 月	通过他的关系,上海高其渊、高其进昆仲将个人所藏《文徵明小楷书》、《董其昌云林图》、《戴熙山水图》、《陈洪绶人物故实图》及六朝和唐人写经等书画总计一百一十七件捐赠辽宁省博物馆入藏。
1987 年 4 月	接待以野崎岳南先生为团长的"日本宇野雪村·启功巨匠展庆祝访中团"来馆交流。
1987 年 4 月	随中央书画鉴定小组在浙江杭州地区鉴定书画。
1987 年 6 月 2 日	经办"日本神奈川现代书法展览"在辽宁省博物馆展出,这是外国展览首次在我馆举行,展品展出后赠予我

馆收藏。

1987 年 6 月	发表《〈宫中乞巧图〉的时代风标》。
1987 年 6 月	发表《隋唐五代书法艺术演进轨迹》。
1987 年 9 月	通过他的关系，苏渊雷先生将个人所藏汪士慎《隶书轴》、华嵒《花鸟图》等明清书画十件捐赠辽宁省博物馆。
1987 年 9 月	发表《对董其昌在我国绘画史上的评价》。
1987 年 9 月	随中央书画鉴定小组在河北鉴定书画。
1987 年 10 月 1 日	接待美国克利弗兰博物馆前馆长李雪曼一行四人来馆访问。
1987 年 11 月 28 日	接待华盛顿弗利尔美术馆亚洲部主任傅申先生来访，并请为辽宁省博物馆作《张大千与四画僧专题学术报告》。
1987 年 12 月	随中央书画鉴定小组在天津鉴定书画。
1988 年 1—2 月	请北京荣宝斋原副经理冯鹏生先生为辽宁省博物馆装裱新购入明清书画四十余件。
1988 年 2 月	发表《对高其佩指头画艺术的再认识——写在〈高其佩画集〉的后边》。
1988 年 4 月 14 日	接待以铃木相华为团长的东京书道会访中团辽宁省博物馆参观并题词留念。
1988 年 5 月	随中央书画鉴定小组在山东鉴定书画。
1988 年 6 月	经办"上海朵云轩书画展"在辽宁博物馆展出。
1988 年 6 月	随中央书画鉴定小组在大连鉴定书画。
1988 年 6 月	随中央书画鉴定小组在吉林鉴定书画。
1988 年 7 月	经办"谢稚柳、陈佩秋书画展"，在辽博展出。
1988 年 7—8 月	与全国书画巡回鉴定专家小组其他成员谢稚柳、启功、刘九庵、傅熹年在辽宁省博物馆鉴定书画。共鉴定馆藏唐、宋、元、明、清历代书画一千六百九十余件。

1988 年 9 月 20 日	接待香港"敏求精舍"主席叶承耀先生一行十一人来馆参观，并商讨赴港丝绣展的问题。
1988 年	任辽宁省书法协会名誉主席。
1988 年 12 月	文集《沐雨楼书画论稿》由上海人民美术出版社出版。
1988 年 12 月	随中央书画鉴定小组在广东顺德博物馆鉴定书画。
1989 年 1 月	随中央书画鉴定小组在广东鉴定书画。
1989 年 5 月	发表《试论王诜及其书法艺术》。
1989 年 5 月	随中央书画鉴定小组在四川鉴定书画。
1989 年 8 月	发表《古代绘画史上的一桩公案——对两卷传世〈江山无尽图〉的辨析》。
1989 年	受聘为辽宁大学客座教授、研究生导师。
1989 年 9 月 7 日	参与举办辽宁省博物馆馆庆四十年国际学术交流会，美国、日本、香港地区学者近三十人参加了学术会，与会的还有北京、上海、南京等地学者约六十余人。
1990 年 1 月	发表《书法艺术源流管窥》。
1990 年 1 月	发表《好书不厌百回看——读沈阳故宫〈明清绘画选集〉有感》。
1990 年 5 月	参加为亚运会在大连举办的书画家义卖活动。
1990 年 5 月	主编的《中国书画》由上海古籍出版社出版，后又在台湾出版。
1990 年 9 月	为辽宁书协在庄河举办的书法学习班讲课。
1990 年 11 月	发表《齐白石老人早期书画集写真技法考》。
1991 年 3 月	赴辽宁营口市为党政军转干部岗前培训班讲课。
1991 年 4—5 月	应邀出席由香港中文大学主办的"古今书画鉴定"学术报告会。
1991 年 7 月 26 日	应国家文物局邀请赴京参加关于散佚的北宋郭熙《山水卷》的鉴定和收购的讨论会。
1991 年 8 月	《国宝沉浮录》由上海人民美术出版社出版。

1991 年 8 月 20 日　出席在辽博举办的"日本雪心会会员书法作品展"。

1991 年 9 月 12 日　出席沈阳故宫六十五周年馆庆纪念暨学术研究会，会上做关于培养业务人员的报告。

1991 年 9 月 15 日　在辽博举办"王方宇、王己千书画展"。

1991 年　月　日　接待香港著名爱国人士邵逸夫先生来访。

1991 年　月　日　省政府为他颁发政府特殊津贴证书，并亲自出席颁发证书大会。

1992 年 1 — 2 月　在新加坡举办"杨仁恺、马学鹏书画联展"。并参观访问博物馆、美术馆，观摩中国古代书画。

1992 年 1 月 25 日　赴新加坡期间首次访问著名指画家吴在炎夫妇。

1992 年 4 — 5 月　应美国堪萨斯博物馆的邀请，赴美参加"董其昌世纪学术国际研讨会"，会后考察了美国堪萨斯、华盛顿、纽约、底特律、旧金山等城市的各大博物馆，并观摩所藏的中国古今书画。

1992 年 6 月　接待北京炎黄艺术馆馆长著名画家黄胄先生来访，并商议举办"扬州八怪展"事宜。

1992 年 9 月 15 日　受聘为新加坡国家美术馆及亚洲文化馆顾问。

1992 年 12 月　赴荷兰参加辽宁省博物馆举办的"抛弃毛笔——高其佩指画艺术展"开幕式，并出访英、法、比、德四国。

1992 年 12 月　发表《指头画家高其佩系年表》。

1993 年 6 月　出席日本东京国立博物馆学术研讨会 。

1993 年 9 月 26 日　赴京参加美术馆全国第一届国画展开幕式。

1993 年 8 月 18 日　接待日本镰仓市书道会长仙场右羊一行十四人来辽博访问并陪同参观北京、南京、上海等博物馆进行文化交流。

1994 年 1 月 6 日　应韩国东方研究会的邀请赴韩国考察。

1994 年 1 月　接待美国白宫教育顾问、国际社会活动家陈香梅女士一行来访。

1994 年 2—3 月	赴深圳参加"辽宁省博物馆藏齐白石画展"开幕式。
1994 年 3 月	赴北京参加在炎黄艺术馆举办的"日本画展"开幕式。
1994 年 4 月	应新加坡留香茶艺社董事长李自强先生、马来西亚槟城蝴蝶公园总裁吴天金先生的邀请,赴两国进行为期四十天的学术交流和访问。
1994 年 4 月 8 日	接待意大利威尼斯大学副教授阿米娜·阿拉戈女士(缂丝专家)来访。
1994 年 4 月 25 日	在新加坡举办"杨仁恺、关宝琮书画联展"。
1994 年 6 月	参加在铁岭市召开的辽宁省第二届书法家代表大会。
1994 年 7 月	参加由辽宁省博物馆、台北中华服饰学会、中国古代史服饰研究会共同在沈阳举办的"第十三届国际服饰学术研讨会",同日、韩、美、法等国专家座谈。
1994 年 9 月	参加在辽宁省博物馆举办的"中国嘉德 94 秋季拍卖会预展"活动。
1994 年 9 月	接待香港著名实业家、文物收藏家徐展堂先生和夫人来访。
1994 年 10 月	应马来西亚中央艺术学院邀请,赴马参加"中国文物鉴定课程"的讲学。
1994 年	获国家人事部、文化部颁发的"全国优秀文化工作者"称号。
1995 年 1 月 11 日	接待美国白宫顾问陈香梅女士、美中航空运输董事长郝福满先生一行四人来馆参观访问。
1995 年 2 月 3 日	应新加坡来福拍卖行之邀,赴新加坡进行为期一周的学术访问。
1995 年 9 月 22 日	与辽宁美术家协会、辽宁美术馆、辽宁画院、鲁迅美术学院联合举办"江兆申画展",台湾著名画家江兆申及夫人专程来沈参加开幕式。
1995 年 12 月 22 日	辽宁省博物馆与辽宁人民美术出版社举行了杨仁恺先

生《沐雨楼文集》出版座谈会。省政协副主席林声、沈显惠，省出版局局长于金兰、副局长任慧英，省文化厅厅长杜铁、副厅长李启云等领导及新闻记者四十余人参加了座谈会。

1996年1月　　　　　应新加坡励达投资私营有限公司邀请，赴新加坡进行文化考察。

1996年3月6日　　主持的"中国古今书画真伪对照展"在辽宁省博物馆开幕，主编的《中国古今书画真伪图鉴》由辽宁画报出版社出版。

1996年3月24日　参加在辽博召开的辽宁省博物馆学会第二届理事会。

1996年4月15日　接待新加坡著名国画家潘受先生来辽宁博物馆参观访问。

1996年4月30日　接待台湾著名画家原台北故宫博物院副院长江兆申一行来访。

1996年5月15日　应美国大都会博物馆邀请，赴美进行为期两周的学术访问。

1996年6月19日　应比利时国家博物馆东方部主任西蒙先生邀请，赴比利时、法国、瑞士等国进行为期十一天的学术研讨活动。

1996年7月　　　　　应新加坡亚洲拍卖行总经理林秀香女士邀请，赴新加坡进行学术访问。

1996年9月5日　　接待红学专家、中国艺术研究院副院长冯其庸先生一行来访。

1996年9月6日　　主持由文物出版社、辽宁省博物馆、沈阳故宫博物院在沈阳举办的"第二届中国书法史论国际研讨会"。

1996年9月　　　　　接待美国大都会博物馆东方部主任屈志仁先生来访。

1996年9月12日　应马来西亚协济艺苑董事主席胡杰华先生之邀，赴马来西亚进行为期一周的学术活动。

1996 年 12 月 16 日　赴北京参加全国第六届文代会。

1996 年　　　　　　受聘为鲁迅美术学院名誉教授。

1997 年 4 月　　　　应新加坡国家文物局、亚洲文明博物馆馆长郭勤逊先
　　　　　　　　　　生邀请，赴新加坡参加亚洲文明博物馆开馆仪式和学
　　　　　　　　　　术座谈会。

1997 年 4 月　　　　与辽宁画报社联合出版的《中国古今书画真伪图典》正
　　　　　　　　　　式出版。

1997 年 8 月　　　　主持由辽宁省人民对外友好协会、日本外务省国际交
　　　　　　　　　　流基金会、日本驻沈阳总领事馆、辽宁省博物馆、日本
　　　　　　　　　　文字文化研究所在沈阳举办的"中日文字文化研讨会"。

1997 年 8 月　　　　馆藏《宋徽宗赵佶千字文卷》由香港翰墨轩正式出版，
　　　　　　　　　　撰文《略谈宋徽宗"草书千字文"及其它》刊于书末。

1997 年 11 月 27 日　赴上海博物馆参加"辽宁省博物馆藏书画珍品暨古今
　　　　　　　　　　真伪作品展"开幕式，这是上海博物馆新馆落成后，对
　　　　　　　　　　外省市博物馆赴上海博物馆的第一个大型展览。

1998 年 2 月　　　　赴广东美术馆参加"现代美术三大家——齐白石、黄宾
　　　　　　　　　　虹、徐悲鸿作品展"开幕式。

1998 年 2 月　　　　赴深圳何香凝美术馆参加"中国古今书画真伪作品展"
　　　　　　　　　　开幕式。

1998 年 5 月 12 日　接待美国大都会博物馆屈志仁先生来辽博参观、访问，
　　　　　　　　　　洽谈文物外展事宜。

1998 年 5 月 15 日　接待台湾已故著名画家江兆申的夫人来馆参观。

1998 年 7 月　　　　主持辽博"中国古今书画真伪作品展"赴北京炎黄艺术
　　　　　　　　　　馆进行为期一个月的展览。

1998 年 9 月　　　　赴澳门参加"第三届中国书法史论国际研讨会"。

1998 年 11 月　　　　应澳门市政厅邀请，赴澳门为筹备中的澳门博物馆进
　　　　　　　　　　行书画鉴定工作。

1998 年　　　　　　发表《元人林子奂〈豳风图〉真伪考辨》。

1998 年	主持辽宁省博物馆与辽宁美术出版社共同出版的馆藏《现代三大师——齐白石、黄宾虹、徐悲鸿精品集》的工作。
1998 年	主持辽宁省博物馆与上海人民美术出版社共同出版《艺苑掇英》第六十二期《辽宁省博物馆藏品专辑》的工作。
1999 年 1 月	应邀赴马来西亚、新加坡进行学术访问，并参观博物馆及私人收藏家所藏中国古书画。
1999 年 4 月	《杨仁恺书画鉴定集》由河北美术出版社出版。
1999 年 6 月	应陕西省文史馆邀请出访西安。
1999 年 7 月	《国宝沉浮录》（增订本）由辽海出版社出版发行。
1999 年 9 月	应邀访问法国，并考察观摩法国各博物馆所藏中国古代书画。
1999 年 12 月	应美国纽约大都会博物馆邀请，赴美参加"王己千书画收藏研讨会"，并参观访问洛杉矶、纽约、华盛顿等市的博物馆。
2000 年 1 月	书法集《沐雨楼留真》由春风文艺出版社出版。
2000 年 2 月	赴新加坡参加辽博举办的"中国古今书画真伪作品展"的开幕式。
2000 年 5 月	应邀赴香港中文大学作《书画鉴定学》学术报告。
2000 年 8 月	应菲律宾华侨庄万里之子女邀请，前往鉴定庄氏所藏书画。
2000 年 9 月	赴日本东京参加"第四届中国书法史论国际研讨会"。
2000 年 9 月 22 日	应邀赴新加坡参加新加坡著名指画家"吴在炎先生九十寿诞画展"开幕式。
2000 年 10 月	赴韩国汉城参加"明、清皇朝美术大展"开幕式。
2001 年 4 月	应邀赴北京参加在中国美术馆举办的"冯其庸书画摄影展"。

2001 年 7 月	参加辽宁省博物馆在韩国汉城举办的"古今书画真赝品展"开幕式,并进行为期一周的学术访问、考察。
2001 年 8 月	与辽博副馆长一行赴新加坡与吴在炎办理"吴在炎指画"捐赠手续,并携带所捐书画回国交与馆里。
2001 年 9 月 17 日	参加东三省召开的"九一八"讨论会。
2001 年 10 月 21 日	赴北京参加中央文史馆五十周年年会和在中国革命博物馆举办的书画展。
2001 年 11 月	应大连空校之邀,前往鉴定书画。
2001 年　月　日	赴京参加国家图书馆出版社《碑帖精华》首发式。
2001 年 12 月 15 日	出席在北京召开的第七届全国文代会。
2002 年 1 月	应邀赴台北参加台北中原出版社《书画鉴定学稿》出版发行式及"书法艺术研究会"。
2002 年 8 月 23 日	参加在中国南京召开的第五届中国书法史论国际研讨会。
2002 年 12 月	应邀赴美国洛杉矶出席"美中文物收藏协会学术报告会",并接受大会所颁发的荣誉证书。
2003 年 1 月	赴辽宁省盘锦市参加"海峡两岸书法家学术交流会"。
2003 年 3 月	应新加坡韩发先生邀请,前往为之所藏书画被水浸泡后,受损程度进行技术鉴定,以诉讼法律所需。
2003 年 7 月	赴京参加北京嘉德十周年庆祝会并为之鉴定书画。
2003 年 8 月 19 日	应故宫博物院邀请参加"两晋、隋、唐书画特展"。
2003 年 9 月 20 日	应邀赴上海博物馆参加"淳化阁帖最善本研讨会"开幕式。
2003 年 10 月	应邀出席北京故宫博物院"宫廷画讨论会"开幕式。
2003 年　月　日	参加文化部中国文化艺术品鉴定委员会第一次工作会议。
2003 年 11 月	出席北京嘉德书画拍卖会。

后记

　　为杨仁恺写画传，这是我从来不敢奢望的事。2003 年 10 月间，文物出版社社长突然将这件任务落实到我的肩上。一种兴奋激荡着我的胸怀。因为正值先生九十大寿之年，又是辽宁省博物馆新馆即将开馆之际。出版这本书，对我来说能干点具体的工作是一种光荣。但又备觉压力，心中无底。因为写作时间很短，况且我又是一个舞文弄墨的门外汉，对此一窍不通。日常又惰于学习，文笔低拙，为这样一位国内外知名的人物写书，简直是胆大妄为。

　　然而我到辽宁省博物馆工作已三十余年，从说明员到保管部主任，再到馆长办公室主任，跟随先生周围，耳提面命的机会自然多于别人。先生一生对文博事业鞠躬尽瘁，对理想和原则的坚定性及其人生操守的不可动摇性；待人以诚、助人为乐、心热似火；宽博的胸怀、宏大的气度和脱俗不凡的举止言行使我永志不忘。

　　先生现任辽宁省博物馆名誉馆长、中国古代书画鉴定组成员、中国文物鉴定委员会委员、中国博物馆学会名誉理事、辽宁省博物馆学会名誉理事长、中国书法家协会理事、辽宁省书法家协会名誉主席、辽宁美术家协会副主席、中央美术学院硕士研究生导师、辽宁大学客座教授、《艺苑掇英》顾问、香港《名家翰墨》艺术顾问、新加坡国立博物馆顾问、马来西亚中央艺术学院客座教授等职。半个多世纪的艰辛历程，探颐索隐。涉猎艺术史论、艺术考古、中国古代书画鉴定理论与实践、中国绘画和书法史论的研究。从而奠定了先生在中国书画界、艺术界乃至文化界的重要地位。然而先生对于这些荣誉、地位却是淡然处之。

　　如今先生已届九十高龄，才思更加敏捷，笔翰如流。生活非常充实，心如光风朗月，每天都有做不完的事情，每天都履行他自己的诺言："老老实实做事，清清白白做人。"我深深地被先生的事迹所感动，被他人格的魅力所征服。觉得有义务将这一切用笔写出来。用以启迪后人，发扬老一辈文博人的精神，在新世纪里搞好中国的博物馆事业。

在几个月的写作过程中，是我一生最认真学习的过程。因为要写先生的学术思想，首先就要读懂他的著作，了解他毕生的研究成果。要写先生的经历，就要详细地了解他的人生，使我从中学到了先生做人的准则和孜孜不倦、勤奋刻苦、活到老学到老的精神。

一件事情，即使是自己感兴趣的，一旦作为任务规定下来，非做不可了，却忽然提不起兴趣来了，因为底气不足，头脑一下子变得空白了，又一下子变得乱糟糟一团理不出头绪来了。于茫然中我想起了法国文学家大仲马的一段名言："当你拼命要完成一件事的时候，你就不再是旁人的敌手。或说得更确切些，旁人不再是你的敌手了。不论是谁，只要下了这种决心，你就立刻觉得精力加强了十倍，他的眼界也扩大了。"于是一种力量给了我坚定的信心，从头一个字一个字地写起来。

好在写作的过程中，得到了文物出版社、辽宁省博物馆诸位领导的支持。得到辽宁省文化厅原副厅长战力光先生、著名红学家冯其庸先生的鼓励。得到了沈阳文史馆馆长幺喜龙，鲁迅美术学院原院长宋惠民，著名画家宴少翔、孙世昌、许荣初、许勇诸位教授的指点。以及辽宁省博物馆一些同志和朋友，如郭延奎的热情关怀帮助，使我完成了这次写作。但是限于我的水平，这是我的处女作。只能作为一块敲门砖，为有志于研究杨仁恺的专家学者们提供一些朴实的素材。我也会一生以先生为楷模，为研究先生的一生而笔耕不息。

海 平

二〇〇四年五月于沈阳

编　后

微笑的魅力

　　在我社编辑"文博名家画传"系列丛
书的时候，我曾经有个天真的想法，那就是
想写杨仁恺老先生这一本。后来，听说是辽
宁省博物馆的王海萍大姐担当了这个任务，
我又觉得有几分侥幸。因为她在杨老身边
工作那么多年，对于杨老的一切都很熟悉，
有着相当丰富的第一手材料，再加上她的
水平和老到，应该说是最合适的人选了。我
虽然对杨老有着极度崇敬之情，但是真写
起来，肯定不能全面、细致地塑造杨老的形

象，那不仅对我是个遗憾，对杨老和文博事业也会留下深深地歉疚。

　　还好，杨老建议我来做这本书的责任编辑，总算给了我一个满足心愿的机会。

　　人和人都讲缘分，也许有的人经常见面，或者说就在一个单位工作，但是并
不见得合得来。谁看谁都不顺气，这就是没有缘分。反过来，有的人不经常见面，
不在一起工作，却投脾气，这大概就是说的投缘。我和杨老就属于后者，当然我
是高攀了，那是杨老看得起我，说到这里，手心已经汗津津的了。

　　我四十二岁以前比较坎坷，从事过好几个行业，因此，每一次跳槽我都要面
对一个相对陌生的领域。1991年，我从戏剧界到了文博界，到文物出版社做编辑，
一开始就赶上中日合作出版的《中国书迹大观》这么个重头戏。辽宁省博物馆是
个大馆，书法藏品很丰富，自然是要去的。而且我也知道那里有一位文博界的老
前辈，相当京剧里的"四大须生"之一的杨仁恺老先生。一个初涉文博界的新人，
要去见这么一位老前辈，心里自然要忐忑的。当然去的还有其他同志，他们和杨
老是很熟悉的，我只须远远地看着就行了。不过我当时有个想法，特希望杨老有
事，特别特别的忙，怎么也抽不出时间来接见我们这一行。

哪知道，公事还未完成，杨老来了。一个个子不高、精神矍铄、满面红光、特别和蔼的老人。他有些口音，听得出来是四川味儿。给我最为明显的印象就是他老人家那双眼睛，简直就是放着光芒。人们不是说那里是灵魂的窗户吗？至少他告诉了我，杨老的身体是健康的、精力是充沛的、性格是开朗的、对生活是充满自信的，同时他也是一个很和气平易的老人。我和他是第一次见面，有人引见后就知趣地退到一边。

我没想到杨老要请我们到他家里去吃饭，这对我来说真是一件难受的事情。那顿饭吃的时间很长，我只是支着耳朵听，慢慢地吃着。杨老不时地对我说："吃、吃……"我只是回答："好、好……"

回到北京一个多月，我止在办公室里忙乎，忽然听见楼道里有一个那时还不大熟悉的声音在喊："小崔、小崔……"我本能地迎出去，见是杨老，惊呆了。他笑着问我："我是杨仁恺，你不认识吗？"我说："我当然认识您，可您怎么认识我？"杨老笑了："我们是老朋友啊！"我连忙把杨老请进去，开始了无拘束地交

谈。我一点儿也不紧张了，就像面对一位经常聆听教诲的长辈。说来也怪，我们就这样熟识了。以后，我每次去沈阳，都怕因为他忙，而见不到面。他来北京，我们也要见上一面，说上几句话。杨老是出于对晚生的提携，我则有一种相见恨晚的怅惘。为什么不早几年跳过这槽来，或许有幸拜在杨老门下，当一个入室弟子。

尽管我和杨老身处两地，毕竟都在文博界，总是有相处的机会。我对杨老有了进一步地了解，越发觉得这位老者可亲、可

敬，说句大不敬的话，真是一个好老头儿。

1998年，我去澳门参加中国书法史论国际研讨会，杨老是主角，是坐在主席台的。我和李穆、牛克诚二位朋友晚上出去走走，杨老叮嘱我们要早回来，说那儿的情况和内地不一样，怕我们有什么闪失。第二天，杨老分别找我们谈话，问我们都去哪儿了，几点回来的。跟杨老自然要讲实话，况且也没有什么可瞒着他老人家的。他听了满意地说："不错，吻合了。"那天晚上，为了不让他老人家操心，我们就不出去了，缠着他讲那年在北京的荣宝斋发现米芾的《苕溪诗卷》的事，他的精神和兴致都很好，我们听得入迷。等他说完了，我就开始酝酿一篇故事。他见我沉吟不语，忽然醒悟道："你是不是要写文学作品？"我笑着说："您上当了。"他笑得更开心："稍不留神，就进入圈套啊……"当我向他表示歉意的时候，他却像孩子似地说："还有好几个这样的故事，你还愿意听吗？"

还有一次，是在广州参观南越王墓博物馆，本来馆里人特别少，我和另一位朋友一边一个搀着杨老参观，听他讲述有关的事情。谁知道风云突变，一伙小学生来了，至少有二百，呐喊着在展厅里跑着，我们一下处于他们的包围之中。这要是哪一个碰杨老一下，那还了得。偏偏这时，那个朋友被冲散了，剩我一人，一手搀扶杨老，一手拨开人群，向外突围而去。我忽然想起《三国演义》里赵子龙单骑救主的事情，可是转念一想，不对，人家救的是无用的阿斗，可我保护的是"国宝"啊，比他的责任可是重大啊！好不容易杀出重围，我松口气说："我成功地保护了国宝。"杨老看了我一眼说："不是国宝，是活宝，一字之差啊！"我见杨老目不转睛地看着那些还天真有余的孩子，就说："您还看什么呢？"他竟忘了刚才的情景，甚至带着几分激动说："这是希望啊！"

2000年，我还有幸和杨老去日本参加中国

书法史论第四届国际研讨会，我写的是一篇关于《禹王碑》的论文。在宣读论文时，是按内容的先后为序的，我就被分到第一组第一个发言。我虽然也见过一些世面，但是就跟唱戏唱帽戏一样，毕竟有些紧张。当站在台上往下一看时，发现杨老来了，我的心一下子就镇定下来。宣读论文时，我不时地看上杨老几眼，尽管这都是他揉透了的面，可是他还在那么认真地听着。我真的很感动，要知道一共六个分会场同时进行，我想他老人家不是走错了，也不是无意中来的，他就是给我鼓劲来了。就这样我顺顺利利地完成任务，走下讲台，坐到了杨老的身边。趁着短暂的间歇，他轻声对我说："该说的都说了。"

那天下午，我和杨老到了另一个会场，我们的一个同胞正在宣读他的论文，和我不一样的是，他是离开论文做补充。他肯定是做过充分准备的，话一套套的。可是杨老不喜欢，小声对我说："喧宾夺主。"出了会场，他又说："喧宾夺主也不是，是文不对题。"他对我说，书法论文不应该是仅限于作品和作者本身，但是也不是漫无边际的。不但要言之有物，而且起码要让人听得下去。我于是明白了一个真理，跟杨老这样的人物在一起，一定要留神他的每一句话，因为那都是经验之谈，都是学问啊！他随随便便说的一句话，或许是经过多年的提炼和积累才形成的。

接触多了，我发现杨老有个特点，就是他的脸上总是挂着温和的微笑。说话时笑，静坐时笑。只有他老人家睡着了笑不笑，现在我还不知道。这种笑是一种习惯，多少年养成的不易改变。这笑是待人的一种态度，谦和而无任何架子；这笑也是外交上的一种手段，谁也察觉不了他真正的内心世界。这笑本是一种本能，但是渐渐成了手段，成了他最富有代表性的表情。只要你看到杨老，他就在笑，不管是面对怎么样的情景。这不是老奸巨滑，而是老谋深算。一个从旧社会过来的人，又经历过那么多的运动，受过多少打击，走过多少崎岖的路，他自己也记不得了。一切看得清楚明白，看得透彻，对一切都是一笑了之。这笑已经成了自然。

并不是每一个人都会笑的，有的人自以为有点儿身价，见人总是绷着面孔。只有见到领导和"孔方兄"时才笑，那笑真可以说是一种秀，比哭还难看。我真想建议他们去向杨老学学，一是学笑，二是学做人。

而且我发现杨老特别有镜头感，只要我一举起相机，他就对着镜头"定格"并且微笑。也正是这个原因，我只要一见到杨老就给他照相，所以我的影集里有许多张他的特写照。我的照相水平是业余的，但是给他照的却是张张好，这说明他笑得灿烂，我也抓住了他笑的要领。

众所周知，文博界是一个深奥的海洋，在这里边游泳，弄不好是要呛水的。正是因为这样，有的人总是套着救生圈围着水边绕，以求保险。杨老不是这样，在一些问题他敢于提出自己的看法，有时是很尖锐的。因此，他也遭到了一些指责甚至嘲讽，有些甚至已经超越了学术的范畴，就像杨老说的论文离题太远了。为此，我很替杨老不平，但是我听到也就当作耳旁风，没动声色。和杨老学的，只是微笑而已。

近年来，有些人用种种手段招摇过市，打着杨老的旗号去做不太光彩的勾当。

有些人拿着假画，请杨老题字。杨老题字就是鉴定，鉴定就意味着不菲的身价。杨老有时不能当面直接拒绝，就写上"杨仁恺观过"的字样，看是看了，真假未加评说，这也是一种"微笑"吧！还有更甚者，竟然以杨老做盾牌，想做发财梦，对这样的人我倒是不客气的，绝不给他可乘之机。比如一个人弄来好多假画，说杨老鉴定过了，花多少钱要出版。在一次有杨老的宴会上，他提出此事，意思是想在寒暄和轻松中，趁火打

劫完成他重大的"课题",手段不可以说不高。可是冷眼人都看出了他的心计,我社的同人都提醒我不要上当。

就凭一点,我就不会上他的当。在吃饭的时候,他看准一个菜,竟然用左手按住转盘,右手夹个不停,那吃相实在是不敢恭维。我拜托比我水平高的同人查资料,写报告,把这件事情回绝了。当然,回绝的不是杨老,而是那个没有一点儿吃相的人。事后,杨老再没有提起这件事情,如果那个人是冤枉的,凭我和杨老的关系,他老人家是绝不会善罢甘休的。

我佩服杨老的学问和为人,总想说是他的学生,可是从来没有。那是因为我和他有交往,却始终没有入室学习的机会。如果逢人便说是他的弟子或得意门生,那不也成了那没吃相的人了吗?这也成为我的几桩憾事之一。一个人佩服一个人,是发自内心的,是自愿的,也是不可逆转的。尽管我不是他的弟子,但是我由衷地钦佩他。能做这本书的责编,我也是三生有幸了。其实,我很多地方还是要向他学习的,包括一些学术上的观点。我的一个朋友说,我从来不和杨老抬杠。是的,我和他抬什么呢?他是一个大学者,我是一个不能再普通的编辑,我有什么资格和他抬杠,我学还来不及呢!

因为编这本书,我加深了对杨老的了解,同时也加深了对他的敬佩。我想,他身上有许多东西值得我学习,有的来不及学了,但是有一点还来得及,也应该学到,那就是他那特有的微笑。今后,我要像他那样,对生活、对工作、对一切都是以笑相对。不知道我能否做到,因为那实在也不是一件容易的事情。

崔 陟 甲申年末夏于老北大红楼

封面设计　张希广

责任印制　陆　联

责任编辑　崔　陟

图书在版编目（CIP）数据

杨仁恺/海平著.—北京：文物出版社，2004.10
（中国文博名家画传）
ISBN　7−5010−1660−7

Ⅰ.杨…　Ⅱ.王…　Ⅲ.杨仁恺−生平事迹−画册
Ⅳ.K825.81−64

中国版本图书馆 CIP 数据核字（2004）第 082773 号

中 国 文 博 名 家 画 传

杨 仁 恺

海 平 著

＊

文 物 出 版 社 出 版 发 行

北京五四大街 29 号

http：//www.wen wu.com

E−mail：web@wen wu.com

北京燕泰彩视印刷有限公司印刷

新 华 书 店 经 销

965 × 1270　1/32　印张：9.5

2004 年 10 月第 1 版　2004 年 10 月第 1 次印刷

ISBN 7−5010−1660−7/K.859　定价：80.00 元